# DENTRO DE LA
# MENTE
## *de* LAS VENTAS

# DENTRO DE LA
# MENTE
## *de* LAS VENTAS

*Cómo Entender la Mente y
Vender Cualquier Cosa*

**Derek Bothwick**
*Dip.C.Hyp/PNL*

Traducido por José Luis Párraga Cardozo

# DEDICATORIA

*Para Skye, Jamie y Adam.*

*"La verdadera sabiduría es darse cuenta de que no lo sabes todo".*

*Derek Borthwick*

# SOBRE EL AUTOR

Derek Borthwick, *BSc. (Hons), Dip.C.Hyp/PNL*, tiene más de treinta años de experiencia en ventas, distribución y marketing y ha recaudado más de mil millones de dólares en activos y ha trabajado con algunas de las mayores empresas del mundo. Ha impartido clases en las principales universidades escocesas y está especializado en métodos avanzados de comunicación, persuasión e influencia. Derek obtuvo un diploma en hipnoterapia clínica y es un maestro certificado en programación neurolingüística (PNL).

# ÍNDICE

# PREFACIO

*"Si quieres convertirte en un gran comunicador, hazte más consciente".*

Este es el libro que siempre he querido escribir. Durante mi carrera de más de 30 años en el sector de las ventas, he asistido a numerosos cursos de formación, he leído muchos libros y he aprendido mucho.

Sin embargo, para mí, siempre faltaba algo. Las piezas que faltaban en el rompecabezas. Estaba decidido a encontrarlas y a ver la imagen completa. Este estudio me llevó a observar los principios científicos que sustentan la persuasión y la influencia. En mi viaje, he estudiado la hipnosis y la programación neurolingüística (PNL), que puede describirse mejor como un software para la mente. Esto me ha llevado a una comprensión mucho más profunda de cómo los seres humanos se comunican, piensan y procesan el mundo.

En este libro, voy a compartir contigo los secretos que he descubierto y las cosas que me han funcionado. Desde el momento en que comencé mi carrera en ventas, me ha fascinado saber por qué algunas personas tienen éxito y otras tienen dificultades. Esto me llevó a la fascinación por el comportamiento humano y a la curiosidad por saber qué motiva a las personas y por qué se comportan como lo hacen. Mi búsqueda me llevó a descubrir que el secreto del éxito en la venta va más allá de las técnicas y procesos básicos de venta y que proviene de la combinación de diferentes disciplinas.

En mi viaje, descubrí que hacía muchas cosas de forma natural. Sin embargo, había cosas que se me escapaban y de las que no era consciente. Durante este viaje, descubrí que gran parte de lo que hacemos tiene lugar a nivel inconsciente. Con el tiempo descubrí muchos de los secretos y pensé que otros también lo habían hecho. Sin embargo, no fue hasta que hablé con otras personas cuando me di cuenta de que no era así. Fue entonces cuando me di cuenta de la necesidad de compartirlo.

La mayor parte de la formación que había recibido anteriormente se centraba en los procesos de aprendizaje consciente. Sin embargo, hay mucho más que ocurre fuera de nuestra conciencia y que gobierna nuestras decisiones, elecciones y comportamientos. Esto me llevó a estudiar profundamente cómo funcionan nuestros cerebros, mentes y sistemas nerviosos. Como parte de la investigación, descubrí que para tener éxito en las ventas es necesario comprender la comunicación avanzada y agudizar las habilidades de conciencia.

Mi viaje comenzó cuando conocí la hipnosis a mediados de la década de 1980. Un hipnotizador de escenario vino a la Universidad de Sheffield, donde yo estudiaba. Me intrigó y compré entradas junto con mis compañeros de estudios. En el espectáculo quedé fascinado y fue entonces cuando me di cuenta del poder de la mente. ¿Cómo podía un individuo hacer que otras personas hicieran esas cosas insólitas? Apenas terminó el espectáculo, corrí rápidamente hacia el hipnotizador y le pregunté cómo hacía esas cosas. Me temo que no obtuve muchas respuestas. Sin embargo, esa fascinación se quedó conmigo y me llevó a investigar cómo y por qué funcionaba y qué podemos aprender de esto.

Mi investigación me condujo al mundo de la hipnosis clínica, la hipnosis escénica, la programación neurolingüística (PNL), la neurociencia y al mundo de la persuasión y la influencia. La combinación de estas disciplinas, junto con los enfoques de venta tradicionales y mi propia experiencia, me permitió desarrollar algo muy especial. Estos métodos y procesos son muy poderosos y funcionan. Literalmente, transformarán tu forma de abordar las ventas. Seguir los principios de este libro te asegurará el éxito, no sólo en las ventas, sino también en tus relaciones personales, familiares e íntimas.

Realmente creo que este es el enfoque completo de las ventas y puede ser el único libro que necesitarás.

## Cómo Utilizar Este Libro

Este libro está dividido en 2 partes.

## Parte Uno

La primera parte cubre cómo funcionan el cerebro, el sistema nervioso y la mente. Este es el verdadero secreto para tener éxito en las ventas y en cualquier forma de comunicación. Esta es la parte donde se encuentran todos los secretos. Es importante volver a esta parte cuando sea necesario.

## Parte Dos

La segunda parte ofrece un enfoque estructurado paso a paso de las ventas. Esto te da un marco y unos pasos a seguir y cuando se combinan con la información de la primera parte, te da el paquete completo de cómo dominar las ventas y la comunicación.

## Bono Gratuito

El libro incluye un capítulo de bono titulado "El Botón Caliente", que puedes encontrarlo al final del Capítulo 18.

## La Suma del Total es Mayor que la Suma de Sus Partes

La combinación de estas partes, te proporcionará un método muy poderoso, eficaz y fácil para ser persuasivo, influyente y exitoso en todas tus habilidades de venta y comunicación.

## El Viaje No Es El Camino

Hay mucha información en este libro y lo mejor es verlo como un plan de desarrollo continuo, en el que puedes perfeccionar tus habilidades a medida que avanzas. Asegúrate de leer detenidamente la primera parte del libro antes de pasar a la segunda. Los principios que se exponen en este libro mejorarán enormemente tus habilidades de comunicación en toda la gama de tus comunicaciones empresariales, personales, familiares e íntimas.

Estoy emocionado por iniciar, así que empecemos.

# PARTE UNO

## Dónde Están los Secretos

*Para leer Tú Capítulo de Bono "El Botón Caliente", por favor, ve al final del Capítulo 18.*

## CAPÍTULO 1

# Reenmarca El Cuadro

"Si no te gusta el cuadro, cambia el marco".

Seamos honestos, cuando la gente escucha la palabra "ventas" a veces se le viene a la mente una imagen negativa. Con frecuencia es una actividad que tenemos que hacer y que muchos de nosotros no queremos hacer. A menudo nos imaginamos a personas manipuladoras, prepotentes y percibimos que intentan vendernos algo que no queremos. Es posible que hayamos tenido alguna experiencia desagradable que haya condicionado nuestra visión y sin embargo, puede ser una de las profesiones más gratificantes y satisfactorias, siempre que se haga bien.

# CAMBIAR EL MARCO

Antes de empezar, definamos las ventas.

## Diccionario Merriam Webster

"Operaciones y actividades relacionadas con la promoción y venta de bienes o servicios"
"Aquel que vende en un territorio determinado, en una tienda o por teléfono".

## Mi Definición de Ventas

"La comunicación de una idea, un producto o un servicio, de una persona a otra, que hace que ésta tome una acción que le permitirá eliminar un dolor, resolver un problema o mejorar su vida".

Muchas personas dicen que no se dedican a las ventas y que no es necesario aprender ninguna habilidad de ventas. Otros dicen que no es relevante para ellos. Si tratas de convencer a alguien de tu punto de vista en una discusión, te dedicas a la venta. Si intentas que tus hijos se vayan a la cama a tiempo, estás involucrado en las ventas. Si quieres que otros vayan a un restaurante o a un destino de vacaciones de tu elección, estás involucrado en las ventas.

Todos los trabajos están relacionados de alguna manera con las ventas. Es la sangre vital de cualquier empresa y, sin ella, no habría nuevos negocios que permitieran a una empresa crecer.

## El Lenguaje es Poderoso.

Piensa en las palabras "activista" y "manifestante". Tienen connotaciones muy diferentes y pueden aplicarse en muchos casos a lo mismo. Pienso en las ventas como una forma avanzada de comunicación, con un intenso deseo de comprender y ayudar a un cliente o consumidor a resolver un problema o lograr un resultado deseado. Los vendedores a menudo tienen que salir a visitar a los clientes o hablar con ellos por teléfono, pero es verdad que a muchos no les gusta hacerlo. Veamos cómo podemos replantear esto.

## "Si No Te Gusta El Cuadro, Cambia El Marco"

Pensemos en un vaso que contiene un cincuenta por ciento de agua. Podemos describir el vaso como medio vacío o medio lleno. Ambas afirmaciones son correctas y sólo son formas diferentes de ver la misma cosa. Pensemos en un cuadro con un marco alrededor. Cuando se cambia el marco alrededor de la imagen, ésta se ve diferente. Esto se llama reenmarcar. Es el mismo escenario, pero visto de forma diferente. La imagen debería parecer la misma, pero el contraste es diferente, esto afecta al aspecto del cuadro.

Veamos cómo podemos ver las ventas de una manera nueva. Si eres un vendedor, tu empresa te paga para que salgas y aprendas, ganes y practiques habilidades de comunicación. Son habilidades que no sólo van a beneficiar a tu trabajo, sino también a tu familia y a tu vida personal. Si tuvieras que financiarlo tú mismo, te saldría muy costoso.

Una vez que replanteas lo que haces, ves todo con una perspectiva diferente. Recuerda que puedes elegir el marco. El vaso está medio vacío o medio lleno, tú decides. El reenmarcado es una parte muy importante del proceso de venta. Citando a Thomas Edison, inventor de la bombilla eléctrica,

*"No he fracasado. Solo he encontrado 10.000 formas que no funcionan".*

# APRENDIENDO A APRENDER

## Agudizando la Consciencia

Si quieres ser un mejor vendedor, debes agudizar tu conciencia. Esto es cierto no sólo en las ventas, sino en todos los ámbitos de la vida. Si a esto le añadimos un proceso sólido que podamos repetir, tenemos todos los ingredientes para el éxito. Las nuevas habilidades se aprenden mejor con la práctica y en pequeños bocados.

## Aprendiendo a Aprender

Tenemos dos mentes, la consciente y la inconsciente. A veces, la mente inconsciente se denomina mente subconsciente. Veamos las dos mentes con más detalle.

## La Mente Consciente

La mente consciente es la parte racional, analítica y crítica de la mente. Controla la "fuerza de voluntad" y la memoria a corto plazo, además de analizar nuestros pensamientos internos. También comprueba de manera interna la información que llega y la compara con lo que creemos que es cierto. Si la información coincide con lo que creemos que es cierto, la creencia se refuerza. Si la información contradice lo que se cree, se rechaza la nueva sugerencia y no se produce ningún cambio en el comportamiento o las creencias.

## La Mente Inconsciente

La mente inconsciente es mucho más poderosa que la mente consciente. Sin embargo, tiene una capacidad limitada para emitir juicios y para eso se apoya en el factor crítico de la mente consciente. Es la mente emocional, la que controla nuestros hábitos, comportamientos y su trabajo es mantenernos a salvo. La mente inconsciente también regula la respiración, la presión sanguínea y los latidos del corazón, junto con muchos otros procesos inconscientes. La mente inconsciente es más de un millón de veces más poderosa que la mente consciente. Piensa en la mente consciente como el conductor del autobús y en la mente inconsciente como el autobús.

## Las Cuatro Etapas del Aprendizaje

Cuando aprendemos una nueva habilidad, pasamos por cuatro etapas de aprendizaje, que se enumeran a continuación.

**1. Incompetencia Inconsciente.** No somos conscientes de que no sabemos hacer algo.

**2. Incompetencia Consciente.** Somos conscientes de que no sabemos hacer algo.

**3. Competencia Consciente.** Ya podemos hacer algo pero debemos concentrarnos y aún no es natural.

**4. Competencia Inconsciente.** La habilidad ya está programada y podemos hacerla sin pensar.

## Aprendiendo de los Sexadores de Pollos

Separar la hembra productora de huevos de los pollitos macho tiene un importante valor comercial y es una habilidad llamada "sexado". Los mejores sexadores de pollos vienen de Japón. Separar los machos de las hembras es difícil, ya que ambos parecen idénticos al ojo inexperto. El método de formación consiste en entrenar el cerebro mediante ensayo y error hasta que se convierta en un proceso inconsciente. Algo que puede parecer imposible al principio pronto se convierte en un proceso inconsciente y competente.

Cuando se aprende una nueva habilidad, es importante tener en cuenta las cuatro etapas del aprendizaje. Al repasar este libro, es posible que haya cosas que conozcas y que hagas bien y habrá cosas de las que no seas consciente. La clave es desglosar las cosas y practicarlas. Intentar aprenderlo todo de una vez puede provocar una sensación de agobio. Trabaja con el libro, prestando especial atención al control del estado y a la comunicación y práctica tan a menudo como sea posible y en tantos entornos como puedas.

# CAPÍTULO 2

# La Súper Computadora

"Deberíamos tener cuidado de no hacer del intelecto nuestro Dios; tiene, por supuesto, poderosos músculos, pero ninguna personalidad".

*Albert Einstein*

La mayoría de la gente piensa que tiene un solo cerebro. Cuando en realidad, tenemos tres "cerebros", cada uno de los cuales realiza funciones especializadas. Este modelo de tres cerebros se conoce como "modelo triuno" a partir de los trabajos de Paul MacLean. Aunque se ha ido perfeccionando, sirve como una buena metáfora.

# LOS TRES CEREBROS

Los tres cerebros son:

1. El Reptiliano, Cerebro del Tallo o Paleocórtex.
2. Mamífero, Cerebro Medio o Sistema Límbico.
3. Cerebro Humano o Neocórtex.

## Comprendiendo el Triuno

El cerebro reptiliano o paleocórtex es el que filtra todos los mensajes entrantes y se encarga de la mayoría de las respuestas de lucha, huida o parálisis. También es responsable de algunas de las emociones primitivas más básicas y fuertes. Su principal responsabilidad no es el pensamiento, sino la supervivencia. Cuando conducimos un auto, si alguien salta de repente delante del auto, no queremos pensar en aplicar los frenos. El cerebro reptiliano lo hace automáticamente por nosotros. El cerebro reptiliano no procesa bien los detalles, sólo transmite grandes trozos obvios de datos concretos.

El cerebro medio, también conocido como cerebro de mamífero o sistema límbico, se denomina a veces cerebro de chimpancé. Da sentido a las situaciones sociales, atribuye significado a las situaciones y es el centro emocional.

El neocórtex es la parte externa del cerebro responsable del pensamiento crítico, la lógica y el análisis de cualquier propuesta de venta. Sin embargo, la información tiene que pasar por el cerebro reptiliano, al cerebro medio y al neocórtex, para ser analizada de forma crítica.

## Detectar a un Pirata

Nuestro cerebro hace su mejor estimación de la realidad basándose en los datos que le llegan y está constantemente perfeccionando el modelo. Si la realidad es la prevista, la información se procesa en gran medida a nivel inconsciente. Si ocurre algo inesperado en el entorno, esto puede elevarse a la consciencia para ser procesado, valorado y evaluado.

Imaginemos que caminamos por la calle de camino al trabajo un lunes por la mañana. Mientras caminamos, de repente, vemos a un hombre vestido de pirata. Esto sería inusual y no se esperaría ni lo predecirías. Inmediatamente, esto se eleva a la conciencia. El cerebro tiene que dar sentido a esta nueva información. Nuestro cerebro reptiliano de supervivencia entra en acción y decide si el pirata es un amigo o un enemigo. A continuación, el sistema mamífero o límbico contextualiza la experiencia y produce una emoción. Puede ser la risa, la curiosidad o la ira.

Por último, la información pasa al neocórtex. Este es el momento que todos hemos tenido después de presenciar algo inusual cuando tratamos de darle sentido. A menudo hablamos con nosotros mismos y nos decimos: "¿Por qué alguien iría vestido de pirata en medio de Edimburgo un lunes por la mañana?"

## Entender al Reptiliano

El cerebro reptiliano funciona basándose en:

- ¿Esto es una amenaza o un peligro?
- ¿Es algo nuevo y emocionante?

- Si es nuevo, ve al grano rápidamente y hazlo sencillo.
- Si no es nuevo e inesperado, ignóralo.

## ¿Qué significa esto para la experiencia de venta?

- Si eres aburrido, te ignorarán.
- Si eres una amenaza, te ignorarán.
- Si algo es complicado, será ignorado.

## ¿Qué Hacer?

- Despierta el interés de la otra persona.
- Evita ser visto como una amenaza, intelectual o socialmente.
- Haz que las cosas sean sencillas de entender.
- Establece rápidamente una relación.

## Trabajar con el Reptiliano y el Chimpancé

Cuando se conoce a alguien por primera vez, el cerebro evalúa si es un amigo o un enemigo. A continuación, trata de referenciar la experiencia y se genera una respuesta emocional al tratar de proporcionar algún contexto. Por último, evaluamos críticamente la información para darle sentido y formular nuestra opinión.

Sin embargo, pensemos en lo que ocurre en una situación comercial típica. En primer lugar, tratamos de apelar al cerebro crítico e intentamos "hacer lógica" a alguien para que tome una decisión. Luego esperamos que el cliente se sienta bien con nosotros. Por último, esperamos que no nos haya percibido como una amenaza. Este enfoque es inverso al funcionamiento de nuestro cerebro.

Utilicemos un ejemplo para ilustrar esto. Supongamos que buscas una pareja con la que entablar una relación íntima. Supongamos que estás en un bar o una discoteca y ves a alguien que te gusta. Imagina que te acercas a esa persona y le presentas una lista de diez razones para salir contigo en una cita. Una vez presentada la lista, empiezas a explicarle lógicamente por qué debería salir contigo. ¿Qué éxito tendría este enfoque? Exactamente, aunque, por extraño que parezca, el enfoque podría funcionar como una interrupción del patrón. Más adelante hablaremos de eso. En la mayoría de los casos, la gente pensaría que se trata de un comportamiento inusual y, sin embargo, ¿no es esto lo que hacemos en los negocios?

## Aprende a Negociar

Al presentar algo, debemos asegurarnos de que el cerebro reptiliano esté interesado y no se sienta amenazado o confundido. Esta breve historia ilustra lo importante que es asegurarse de que las personas a las que uno se dirige no se sientan amenazadas, sino que sigan y entiendan exactamente lo que le estamos diciendo.

Vi un anuncio de una sesión de formación gratuita sobre cómo operar con divisas que se iba a celebrar en uno de los hoteles locales. Con mi experiencia en gestión de inversiones, decidí asistir al evento para saber un poco más sobre el comercio de divisas y ver cómo se desarrollaba el evento.

Llegué al hotel, estacioné mi auto afuera y entré en la sala principal, donde había unas veinte personas sentadas. Comenzó la presentación y se nos mostró un video introductorio. El video estaba hecho de forma profesional y mostraba la experiencia y credibilidad de la empresa, junto con el sistema de comercio de divisas.

Una vez finalizado el video, el presentador, un hombre de unos treinta años bien formado, explicó que iba a desmitificar el comercio de divisas y que iba a hacer una demostración de una operación en vivo durante la presentación. Me di cuenta de que al final habría un discurso de venta y una venta adicional, pero tenía curiosidad por ver cómo se iba a presentar el discurso. Empezó haciendo las cosas muy sencillas y explicando algunos aspectos básicos del comercio de divisas. Luego, a medida que avanzaba, se fue volviendo un poco más técnico. En un momento dado, utilizó un gráfico para ilustrar un punto, pero mi atención se desvió momentáneamente. El punto era fundamental para entender la estrategia de negociación, pero me sentí un poco incómodo, ya que ahora no estaba siguiendo lo que estaba diciendo. Sentí que la frustración aumentaba. Para reducir la frustración y buscar claridad, hice lo que muchos de nosotros haríamos. Levanté la mano para hacer una pregunta. Mi cerebro reptiliano había entrado en acción. Estaba confundido.

Entonces ocurrió algo extraño. El presentador, señalándome con el dorso de la mano, dijo que no aceptaba preguntas. Había conducido hasta el lugar de la conferencia, me había gastado el dinero del estacionamiento y me parecía perfectamente razonable querer entender la presentación. Ahora no podía seguir lo que estaba pasando y empezaba a sentirme aún más incómodo. Volví a levantar la mano. El presentador me dijo de forma bastante grosera: *"Mira, no voy a aceptar preguntas"* y yo le respondí: *"Bueno, si no vas a* aceptar *ninguna pregunta, ¿cómo se supone que voy a entender lo que estás diciendo?"*. Entonces repitió: *"¡No acepto preguntas!"*

La confusión se había convertido en enojo. Ahora estaba actuando desde mi cerebro reptiliano y mi cerebro medio, entonces hice algo completamente ilógico. Después de estar en la presentación sólo diez minutos, cerré mi libro, me levanté y me fui con la voz interna en mi cabeza diciendo: *"¡No voy a escuchar ni una palabra más de esto, es una completa estupidez!"*

Al llegar a casa y después de haber tenido tiempo para reflexionar y evaluar críticamente lo que había sucedido, me di cuenta de que marcharme antes de tiempo no era lo más sensato. Me había perdido tanto la información como la fórmula del evento. Mi cerebro reptiliano había entrado en acción y, junto con él, mi cerebro medio. Mi cerebro crítico no había tenido la oportunidad de analizar si mis acciones eran lógicas. El cerebro reptiliano había provocado una parada en mi pensamiento crítico y había creado la respuesta de lucha o huida. Simplemente tuve que salir de la habitación. Esta historia demuestra que todos podemos actuar de forma irracional y que, aunque entiendo cómo funciona el cerebro, sigo estando a su merced.

Si ponemos esto en el contexto de una presentación de ventas, si vas a confundir a tus clientes y adicionalmente, no los tratas con respeto, entonces es probable que experimentes un cierre en su pensamiento. Esto ocurre incluso antes de que lleguen a evaluar tu propuesta. La mente confundida siempre dice que no y la mente desconfiada siempre dice que no. En esta historia en particular, la mente confusa dijo *"No"* y *"¡vámonos de aquí!"*

## CAPÍTULO 3

# Hacerlo Realidad

*"La única sabiduría verdadera está en saber que no se sabe nada".*

*Sócrates*

Mucha de la formación en ventas se centra en las técnicas y los procedimientos. Aunque es útil entenderlos, el verdadero secreto reside en comprender cómo perciben el mundo las personas y cómo es su mapa del mundo. Hay cuatro ingredientes mágicos que debemos tener en cuenta a la hora de comunicarnos.

## CUATRO INGREDIENTES MÁGICOS

Los cuatro ingredientes mágicos son la creencia, el control del estado, la compenetración y la conciencia aguda o CCCC. Estas son habilidades que puedes tener y utilizarlas no sólo en un entorno de ventas, sino en cualquier negocio, entorno personal o íntimo.

He sido testigo de personas que no eran técnicamente buenas o estructuradas en el proceso de ventas y que, sin embargo, han tenido mucho éxito. En el pasado, a menudo se les describía como "personajes". Comprendían inconscientemente muchos aspectos de la creencia, el control del estado, la compenetración y la conciencia aguda (CCCC).

También he visto a personas que eran muy estructuradas y seguían todo paso a paso, pero que no tenían éxito. Les faltaba la conciencia externa y no eran conscientes de la creencia, el control del estado, la compenetración y la conciencia (CCCC). Antes de explorar estos ingredientes, vamos a explorar cómo creamos la realidad. ¿Qué es la realidad y si es la misma para todos?

# ¿QUÉ ES LA REALIDAD?

Algunos se preguntarán por qué hay un enfoque en la realidad en un libro de ventas. Esto puede parecer un poco filosófico. Sin embargo, para que tengamos éxito y seamos grandes comunicadores, debemos tener una buena comprensión de lo que es y las conclusiones pueden llegar a sorprenderte.

### ¿Es Real o No?

Para muchos, el sonido de las uñas sobre una pizarra es totalmente desagradable. A otros, les desagrada el sonido de las manos al ser frotadas contra un globo inflado. Para las personas a las que les desagrada cualquiera de estas cosas, el simple hecho de imaginar la experiencia de forma vívida puede causar un verdadero malestar. Cuanto más se involucre la imaginación en la experiencia, más profundo será el efecto. En una resonancia magnética del cerebro se muestra que se activan las mismas partes del cerebro cuando se imagina algo vívidamente que cuando se experimenta realmente. Esto puede parecer un concepto difícil de aceptar, es por eso que para ilustrarlo debemos entrar en el mundo de la hipnosis.

Una exploración de la hipnosis nos muestra que la realidad puede ser secuestrada y anulada. Se puede acceder a la mente bajo hipnosis, hasta el punto de que si se coloca una moneda en la piel, puede surgir una ampolla al retirarla si se da una sugestión posthipnótica en ese sentido. Dave Elman es una de las figuras paternas de la hipnosis. Elman formó a profesionales médicos y dentistas en el uso de la hipnosis para procedimientos médicos. Elman pedía a los dentistas de sus clases de formación que se presentaran, uno tras otro, para ser hipnotizados. Mientras estaban hipnotizados, otro dentista sondeaba la zona gingival, muy sensible, de la boca con una sonda dental afilada. El dentista que estaba hipnotizado no sentía ningún dolor.

## El Gran Filtro

Creamos nuestra realidad filtrando los datos que nos llegan a través de los sentidos primarios. El cerebro hace su mejor interpretación de estos datos y con eso una estimación de la realidad. Sí, eso es correcto. No vemos lo que realmente hay, sino la mejor estimación del cerebro de lo que hay.

Es un concepto difícil de aceptar y entender para muchos. Sin embargo, a medida que avancemos en esta sección, te mostraré cómo puedes satisfacerlo por ti mismo. El cerebro construye la realidad no por lo que vemos, oímos o sentimos, sino por lo que espera ver, oír y sentir. Estas expectativas se basan en todas sus experiencias y recuerdos anteriores. El modelo se construye y se basa en lo que ha funcionado en el pasado.

Si la realidad preestablecida por el cerebro se ve alterada, es posible que tarde más tiempo en procesar los datos o que preste más atención a esta realidad imprevista. Si todo transcurre sin sorpresas inesperadas, el sistema visual se perderá gran parte de lo que ocurre a nuestro alrededor. Piensa en el viaje de vuelta a casa. Probablemente recuerdes poco del viaje a casa a menos que ocurra algo inusual. Si mientras conduces hacia tu casa un león se cruza en la carretera, esto sería un acontecimiento inesperado e imprevisto y se pondría de manifiesto para ser procesado. Ese incidente en particular se recordaría. El león sería una interrupción del patrón. Esto puede explicar cómo algo puede ser controvertido o escandaloso al principio y, a través de la repetición, se convierte en la norma y, en muchos casos, ni siquiera se nota. El factor de novedad se desvanece rápidamente.

## El Punk Rock de los 70

Durante los años 70, en el Reino Unido, el punk rock irrumpió en la escena y con él todo un nuevo estilo de vestir y de perforaciones corporales. En aquella época, se consideraba escandaloso que un hombre usará un pendiente y un peinado mohicano de colores vibrantes. En la actualidad probablemente ni nos daríamos cuenta y, sin embargo, en aquella época se hacían juicios. Si nos remontamos a cuando los Beatles y los Rolling Stones aparecieron en escena, llevaban el cabello largo. Sin embargo, si nos fijamos en el entorno actual, ni siquiera nos daríamos cuenta de ese tipo de peinado. Curiosamente, muchos de los rebeldes de ayer forman parte del sistema establecido de hoy y muchos han sido nombrados caballeros por sus esfuerzos. Ser original sólo dura un tiempo. Ahora presta atención al siguiente texto.

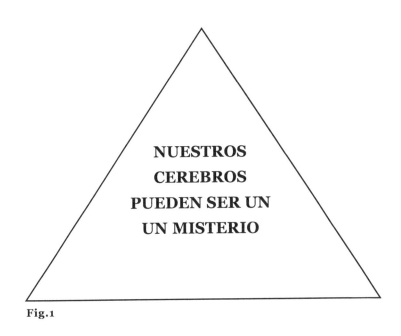

NUESTROS
CEREBROS
PUEDEN SER UN
UN MISTERIO

Fig.1

## ¿Cómo Te Lo Has Perdido?

¿Has leído "nuestro cerebro puede ser un misterio"? ¿Estás seguro? Vuelve a leerlo palabra por palabra. La mayoría de la gente pasa por alto que hay dos "UN". No lo detectamos todo. El cerebro hace su modelo de la realidad basado en su mejor estimación. Cuando las cosas están fuera de contexto, es cuando más se notan. Estoy seguro de que todos hemos tenido una situación en la que no hemos notado nada nuevo.

Recuerdo haber trabajado en una oficina. Llegué un día y al entrar en la oficina, uno de mis compañeros me preguntó qué me parecía el nuevo cartel. Respondí: "¿Qué nuevo cartel?". Entonces me saludaron con una mirada de pura incredulidad por no haberlo visto.

Sabiendo cómo funciona el cerebro, tiene sentido que no haya visto la señal. No vemos con los ojos; vemos con el cerebro. No vi la señal porque mi cerebro no esperaba verla. El cartel estaba a un lado de la puerta principal y estaba fuera de mi visión focal o enfocada. Sin saber que el cartel se había colocado, mi cerebro no esperaba verlo. Su mejor estimación de la realidad no incluía el nuevo cartel. Ignoró cualquier dato sensorial en ese sentido. Esto tiene importantes implicaciones para cualquier proceso de venta, que retomaremos más adelante.

¿Alguna vez has dado vueltas por la casa buscando algo y sin poder encontrarlo? A mí me pasaba con frecuencia cuando buscaba las llaves. Entonces, en el momento en que se señala que están justo delante de mis ojos, aparecen en la visión. ¡Los hipnotizadores llaman a esto una alucinación negativa y es un signo de trance profundo!

## Máquinas Predictivas

Los seres humanos somos máquinas predictivas que perfeccionamos constantemente nuestro modelo del mundo basándonos en las predicciones. Creemos que somos conscientes de lo que nos rodea, pero podemos estar bloqueando más del noventa y cinco por ciento de lo que está ocurriendo a nuestro alrededor. Los magos son conscientes de eso y lo utilizan en su beneficio. Es un concepto difícil de entender para muchos.

Nuestros ojos sólo nos muestran una parte de lo que vemos. El resto lo hace nuestro cerebro por etapas. Los fotorreceptores de nuestros ojos convierten la luz en señales de datos electroquímicos. Los datos que llegan pasan por el nervio óptico y se convierten en estímulos electroquímicos en forma de patrones. Luego, el cerebro interpreta estos patrones de datos para darles sentido y construir una representación.

## Consigue la Cruz

Cada ojo humano tiene la resolución de una cámara de aproximadamente un megapíxel. ¿Cómo conseguimos entonces una imagen de tan alta resolución del mundo? La respuesta es que el cerebro utiliza su capacidad de predicción y rellena los espacios en blanco. Si no te convence esto, simplemente prueba este breve experimento. Cuando sea seguro hacerlo, elige un punto que esté delante de ti. Mueve la cabeza hacia arriba y hacia abajo. Observa lo que ocurre con la imagen. No se mueve mucho y queda bastante estática. Ahora con la cámara haz lo mismo, mantenla delante de ti mientras observas la pantalla. Mueve la cámara hacia arriba y hacia abajo de forma similar a como has movido la cabeza. Ahora, ¿qué ha pasado con la imagen? Se mueve mucho, ¿verdad? Por eso, cuando grabas un video en el interior de cualquier vehículo que esté dando tumbos o ves unas imágenes de video mientras corres, se mueven por todas partes, igual que un reportero de televisión en plena carrera. ¿Aún no estás convencido?

Ahora, veamos un pequeño ejercicio que puede mostrarte cómo tu cerebro rellena los huecos basándose en lo que cree que debería estar ahí. El ojo humano contiene bastones y conos, que son fotorreceptores. Hay un punto ciego en la parte posterior del ojo donde el nervio óptico se conecta al ojo y no hay fotorreceptores. Cualquier luz que caiga en esta zona no debería mostrar ninguna imagen. Toma un papel blanco. Dibuja una pequeña cruz de aproximadamente un centímetro o algo menos de 1,27 centímetros en el centro del papel. Cierra un ojo y mantén el papel delante de ti a la distancia de un brazo. Mira al frente y mueve el papel de un lado a otro sin dejar que tus ojos sigan la cruz. Sigue mirando hacia delante. Al mover el papel de lado a lado muy lentamente, notarás que la cruz desaparece. Este es el punto del nervio óptico y no hay ningún punto negro. El cerebro rellena el hueco basándose en lo que cree que debería estar ahí y utiliza el color blanco circundante como predicción.

## Comparar y Contrastar

Utilizamos el contraste para dar sentido a las cosas. La luna que sale por el horizonte puede parecer enorme. Se trata de una ilusión óptica. A medida que se eleva en el cielo, empieza a parecer cada vez más pequeña. Esto se debe a que a menudo hay árboles o montañas en el horizonte que dan cierto contraste. Esto hace que la luna parezca aparentemente más grande. Sabemos que los colores pueden parecer diferentes en función del color que los rodea y las empresas de cosméticos utilizan este principio de contraste para realzar la belleza.

Observa detenidamente la siguiente imagen. ¿Qué círculo del centro es más grande, el de la izquierda o el de la derecha?

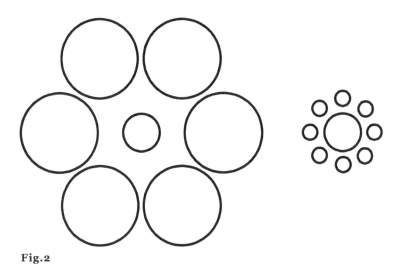

**Fig.2**

¿Te sorprendería saber que ambos círculos centrales tienen el mismo tamaño? Intenta medirlos.

La gran cantidad de datos que llegan al cerebro es demasiado para procesarlos conscientemente. Nos bombardean constantemente con datos externos y, sin embargo, sólo somos conscientes de una mínima parte de ellos. ¿Aún no estás convencido? Ahora eres consciente de las sensaciones de tu pie izquierdo, de la temperatura de la habitación y de cualquier ruido de fondo. Ahora eres consciente de cualquier ropa que pueda estar tocando tu piel.

Todos los datos sensoriales ya estaban llegando a través de tus sentidos, pero no estaban siendo elevados a la conciencia.

El cerebro no se las arregla muy bien si no entra ninguna información sensorial. El aislamiento en la oscuridad se ha utilizado como un castigo y sin entrada sensorial para procesar, se producen alucinaciones. El cerebro no puede lidiar con la falta de entrada sensorial y está constantemente inventando su realidad y con ella nuestro mapa del mundo.

## ELABORACIÓN DE MAPAS

Por lo tanto, la realidad es siempre la mejor estimación del cerebro y cada uno de nosotros interpretará la realidad de forma diferente. Esto se hace como un tipo de mapa. Estos mapas se basan en una interpretación de los datos sensoriales y no en la realidad. Esto explica por qué nos gustan cosas diferentes, como la comida, la música o el deporte y por qué nos sentimos atraídos por parejas diferentes. También explica por qué una persona puede mirar y ver la belleza de algo, mientras que a otra ni siquiera lo nota.

Los datos que recibe el cerebro han sido filtrados, distorsionados, borrados y generalizados para formar un mapa que es único para cada individuo. Otra forma de pensar en esto, es imaginar que el cerebro es como una antena de televisión. Los programas de televisión se emiten en forma de ondas. Estas ondas son captadas por la antena de televisión y convertidas en imágenes por el televisor. Incluso dos televisores diferentes sintonizados en el mismo canal tendrán imágenes ligeramente diferentes según el método de decodificación del televisor.

Todos los seres humanos estamos sintonizados en diferentes canales y éstos van cambiando. Imagínate que se están transmitiendo dos programas de noticias. Ambos cubren acontecimientos similares pero con una perspectiva diferente. Si tú ves un canal y yo veo otro, ambos programas tendrán perspectivas diferentes sobre los acontecimientos del día. Cada uno de ellos elegirá sobre qué informar y sobre qué no informar. Esta interpretación de las noticias representa una generalización, una distorsión y una supresión que se produce en nuestro cerebro todo el tiempo. No estamos viendo lo que realmente sucedió de los eventos del día. Estamos viendo una interpretación de los acontecimientos del día.

Observa la siguiente imagen. ¿Qué ves? ¿Un jarrón o dos caras?

Fig.3

## Nuestros Dos Mapas de la Realidad

Existen dos mapas de la realidad. La gente está familiarizada con la realidad externa, que se percibe a través de los sentidos externos en el aquí y en el ahora. Sin embargo, también existe un mapa interno de la realidad. Éste está basado en los recuerdos y las experiencias anteriores que ya han sido codificados a través de nuestros cinco sentidos. Es posible estar en el aquí y el ahora pero también voltear internamente para imaginar o recordar algo.

Muchas personas no son conscientes de estos dos mapas. Hay una conciencia externa, pero muy pocos tienen en cuenta el mapa interno. Dentro de este mapa interno, se accede a nuestra memoria recordando imágenes, sonidos, tacto, sabores, olores, emociones y hablando con nosotros mismos. Si te preguntara por las mejores vacaciones que has pasado, tendrías que acceder a la memoria asociada a ese acontecimiento para luego describir esa experiencia. La forma en que cada uno de nosotros recuerda los acontecimientos es diferente y peculiar.

## Recuerdo Visual

Si te pidiera que recordaras tus vacaciones favoritas, la mayor parte del recuerdo se haría de forma inconsciente. Algunos de nosotros, podemos imaginar una imagen de estar de vacaciones. Sin embargo, si se le pide a la gente que describa el recuerdo con preguntas como: ¿es una imagen o se mueve como una película? ¿Es en color o en blanco y negro? ¿La imagen es borrosa o está bien enfocada? ¿De qué tamaño es la imagen? Para algunos, tendrían que pensar mucho en esto, ya que normalmente no está en la conciencia. Todas estas variables diferentes representan codificaciones o submodalidades de cómo se almacena la memoria.

Inténtalo tú mismo. Recuerda un acontecimiento que haya sido significativo y muy placentero para ti. ¿De qué tamaño es? ¿Dónde está? Dibuja un marco a su alrededor. ¿Está quieto o en movimiento? ¿Es en blanco y negro o en color? ¿Está enfocado o es borroso? ¿Ves el recuerdo a través de tus propios ojos o lo ves como si estuvieras en una sala de cine? Presta atención a la imagen que aparece. Es posible cambiar los componentes del recuerdo para afectar a cómo se experimenta el recuerdo. Ser consciente de que esto está ocurriendo es un paso importante para ser más consciente.

## Recordar Sintiendo

Muchas personas recuerdan un recuerdo evocando un sentimiento. Se trata de un sentimiento que trae de vuelta la experiencia de ese recuerdo. Esto es difícil de explicar a la gente. Algunos se limitan a describirlo como una sensación de verano, por ejemplo, o una sensación que tuvieron de niños.

## Recuerdo Auditivo

Algunas personas recuerdan un sonido concreto asociado a un recuerdo. Si recordamos unas vacaciones en la playa, el desencadenante de la evocación puede ser el sonido asociado a ese recuerdo concreto. Incluso podemos escuchar la voz de alguien.

## Saborear el Recuerdo

Los sabores pueden ser desencadenantes. Algunos acceden a los recuerdos a través de activadores olfativos y gustativos. Cuando era más joven, fui de vacaciones al hermoso país de Noruega. Los noruegos tienen un fabuloso helado llamado "Softis", literalmente helado suave. Durante las vacaciones, mis parientes noruegos nos invitaron a Softis. Hace poco, cuando estuve en Oslo (Noruega), vi el cartel de Softis y me dirigí directamente a la tienda para comprar uno. En cuanto empecé a comer el helado, me vinieron a la mente los recuerdos de cuando era más joven en Noruega.

## Seguro que Huele Bien

Los olores pueden ser importantes activadores de la memoria. ¿Alguna vez has olido una fragancia y te ha recordado inmediatamente a alguien?

Uno de mis primeros recuerdos es el de unas vacaciones con mi familia en Millport, en la isla de Cumbrae (Escocia), cuando era pequeño. Recuerdo que una mañana fui con mi padre a la panadería para comprar los panecillos. Al acercarnos a la tienda, recuerdo el maravilloso olor a panadería que salía de la tienda. Incluso años después, cuando entro en una panadería, el olor del pan recién horneado me transporta directamente a ese recuerdo de la infancia.

Otro recuerdo asociado al olor es el de una estancia en Noruega con mi abuela. Mis tíos vivían cerca, en un apartamento nuevo. Cuando éramos niños, íbamos a visitar a mis tíos y era una gran aventura subir las escaleras para visitarlos. Al entrar en el edificio, había un olor a cemento recién construido. Ahora, cada vez que entro en un edificio recién construido, ese olor a cemento me transporta directamente a ese recuerdo de la infancia.

## Los Códigos de Nuestra Realidad

Codificamos nuestra versión de la realidad a través de nuestros sentidos en forma de sistemas de representación.

### Los sistemas de representación son:

Visual - Imágenes

Auditivo - Sonidos

Auditivo Digital - Hablar con nosotros mismos

Cinestésico - Sentimientos

Olfativo - Olor

Gusto - Gusto

Aunque utilizamos todos estos sistemas de representación en diferentes momentos, la mayoría de nosotros tiene un sistema preferido o dominante que se conoce como "sistema de representación principal". No se trata de una elección consciente, sino que tiene lugar a nivel inconsciente. Se ha sugerido que el desglose de los sistemas de representación, de forma aproximada, es el siguiente:

Visual - 40% de la población

Cinestésico - 40% de la población

Auditivo - 20% de la población.

Los sistemas gustativo y olfativo representan un porcentaje bajo.

Que sea o no exactamente una división 40/40/20 no es importante. Es lo suficientemente cierto como para serlo. Los dos principales sistemas de conducción que he encontrado más útiles para identificar son el visual y el cinestésico. Por lo tanto, tenemos que agudizar nuestra conciencia para establecer esto. El gran reto es que estamos luchando contra nuestras limitadas capacidades de atención.

# LOS LÍMITES DE NUESTRA ATENCIÓN

George Miller, psicólogo cognitivo, publicó un artículo en 1956. A menudo se interpreta y se utiliza para argumentar que la mente humana puede mantener 7 más o menos 2 piezas de información en la conciencia. El modelo de 7 más o menos 2 sirve como una buena metáfora, pero es más complicado que esto. El cerebro organiza la información en trozos. Piensa en tu número de teléfono. ¿Cómo lo recuerdas? Si alguien te pide tu número de teléfono, tendrás un patrón y una agrupación de números que utilizas para recordar y transmitir tu número.

Supongamos que tu número de teléfono es 0131 234 5678. La agrupación de números es 4 3 4. Intenta repetir tu número en una agrupación de números diferente y fíjate en lo difícil que resulta.

Si se repite en una agrupación diferente de números, a veces puede resultar confuso. Esto demuestra cómo el cerebro organiza la información en grupos o trozos. Tenemos un límite en cuanto a la cantidad de información que podemos procesar conscientemente antes de confundirnos. Los hipnotizadores, los magos y los carteristas son conscientes y sacan ventaja de eso.

# IDENTIFICAR LOS SISTEMAS DE REPRESENTACIÓN

Volvamos a los principales sistemas de representación preferidos: visual, auditivo y cinestésico. Un método para identificar el tipo de sistema de representación o sistema principal es escuchar los tipos de palabras que se utilizan. Estas palabras se presentan en patrones o grupos de palabras. Algunos ejemplos son los siguientes:

**Visual**
- V*eo* lo que quieres decir.
- Esto *lo veo claro*.
- No puedo *visualizarlo*.

**Auditivo**
- Eso se *escucha* bien para mí.
- *Oigo* lo que dices.
- Me *suena* bien.

**Cinestésico**
- Lo *tengo* claro.
- No estoy *captando* la situación.
- Tengo un buen *presentimiento* sobre esto.

La gente puede decir que es una persona visual o cinestésica. Sin embargo, no es tan simple como esto. Utilizamos todos estos sistemas de representación, pero la gente tiende a tener preferencia por uno de ellos.

Por ejemplo, una persona puede decir que es una persona cinestésica (con énfasis en las emociones y los sentimientos) y que no puede crear imágenes internas (visual). Si esto ocurre, simplemente pregúntale cómo recuerda dónde estacionó el auto. Esto suele ir acompañado de una mirada de confusión cuando la persona se da cuenta de que puede construir y, de hecho lo hace, imágenes mentales, ya que empieza a recordar dónde está estacionado su auto. Sin embargo, a algunas personas les resulta más fácil crear imágenes que a otras.

## Conciencia Limitada

Intentar averiguar el sistema de representación preferido o principal de alguien a partir del lenguaje es muy difícil de dominar y sólo puede hacerse con mucha práctica. Nuestra limitada capacidad de conciencia (7 más o menos 2 piezas de información) o nuestro limitado ancho de banda significa que si nos centramos en el análisis de los patrones lingüísticos, lo hacemos a expensas de otras cosas.

Me gusta pensar en el cerebro como una computadora. Cuando se utiliza la computadora, cuantos más programas se ejecuten, más lento funcionará. Cuanto más se sobrecargue el cerebro, más difícil será observar las cosas hasta que, finalmente, se bloquee. Los hipnotizadores y los carteristas se aprovechan de este limitado ancho de banda del cerebro utilizando técnicas de sobrecarga y confusión que distraen la atención.

## Escuchar

Cuando intentamos establecer cuál es el sistema de representación preferido o principal, podemos escuchar las palabras que alguien utiliza. El reto de esto es que, debido a nuestra limitada conciencia, resulta demasiado difícil. Para la mayoría de las personas, a menos que estén formadas, requiere mucha práctica y ocupa mucho ancho de banda del cerebro. Sería útil disponer de un método que permitiera identificar cuál es el sistema de representación preferido de alguien, sin que eso requiriera demasiada concentración. El hecho de tener un ancho de banda cerebral limitado para interpretar las cosas significa que tenemos que asegurarnos de utilizarlo de forma eficiente.

## Técnica del Eco

Las palabras más importantes que escucha una persona son las que acaba de decir. Una forma muy poderosa de crear compenetración es la "Técnica del Eco". Esta técnica consiste en repetir lo que el cliente o la clienta acaba de decir. En este punto, puedes decir: "No puedo hacer esto, la gente se dará cuenta". Por el contrario, no lo harán e incluso si lo hicieran, sólo estás aclarando tu comprensión. ¿Hay algo malo en eso? Veamos un ejemplo.

*"¿SIENTO que es hora de actualizar nuestro sistema IT ya que está un poco anticuado?"*

*"Entonces, ¿SIENTES que es hora de actualizar tu sistema IT ya que está un poco anticuado?"*

*"Sí"*

A continuación, se pregunta por las implicaciones de tener un sistema IT anticuado.

*"¿Qué significa para tu empresa tener un sistema IT anticuado?"*

*"Significa que no tenemos la flexibilidad o la capacidad de integrar nuevos procesos".*

*"Así que no tienen la flexibilidad o la capacidad de integrar nuevos procesos y ¿qué haría un nuevo sistema para la capacidad de hacer crecer tu negocio?"*

Es así de fácil. En el ejemplo, no tienes que preocuparte de buscar la palabra "SENTIR", simplemente repitiéndola te aseguras de que sigues en el mismo sistema de representación. La gente no se dará cuenta y tú crearás una relación de confianza al interpretar que te está escuchando. En el caso de las frases más largas, basta con elegir algunas frases clave y repetirlas para conseguir el mismo efecto.

Tu mente crítica puede decir: "¡Es imposible que haga eso!" Primero, pruébalo en un entorno no comercial y comprueba que funciona antes de intentarlo con clientes.

En las ventas, cuanto más podamos alejar nuestros pensamientos de los pensamientos internos y dirigirlos a la conciencia externa, mayor será nuestra capacidad de percepción.

## Aprender Desde la Observación

Creo que la forma más fácil de establecer el sistema de representación preferido de alguien es observarlo en lugar de escucharlo. Como los sistemas visual y cinestésico son los que más personas representan, vamos a concentrarnos en ellos. Al observar a las personas, buscamos patrones de agrupación.

## Patrones de Agrupación

Los patrones de agrupación son patrones de comportamiento que pueden observarse no de forma aislada, sino como parte de un grupo de comportamientos. Recuerda que no se trata de una ciencia exacta y que lo que buscamos son patrones de comportamiento que se refuerzan entre sí. A continuación se enumeran algunos ejemplos de patrones de agrupación.

## Identificación de Una Persona Visual

- Conversa y habla rápidamente.
- Se mueve y camina rápidamente.
- Respira alto en el pecho y rápidamente.
- Prefiere las imágenes y los diagramas a las palabras escritas.
- La apariencia es importante.
- Se preocupa por su aspecto y su forma de vestir.
- Recuerda más fácilmente las caras que los nombres.
- Imaginativos.
- Rápido en la toma de decisiones.
- Apretón de manos firme.

## Identificación de Una Persona Cinestésica

- Respira más lento y profundamente desde el abdomen.
- Se mueve lentamente.
- Habla más despacio.
- Todo tiene que ver con la sensación y la emoción.
- Suele tocarte cuando te hablan.

41

- A veces puede estar muy cerca.
- Le gusta abrazar.
- Apretón de manos más largo. A menudo agarran al final del apretón de manos.
- A veces tienen un apretón de manos doble.
- Apretón de manos más suave.
- Hace muchas pausas al hablar. Habla de forma deliberada.
- Toma de decisiones lenta.

## Cómo Comunicarse con los Diferentes Estilos

Es importante que cuando nos comuniquemos con la gente nos demos cuenta de que no importa lo que tú pienses, lo importante es lo que ellos piensen. Debemos comunicarnos con las personas con el estilo que mejor les convenga a ellos, no con el nuestro. Las personas no encajan en cajas y la comunicación humana es compleja. Habrá personas que muestren todos los rasgos enumerados anteriormente y habrá otras que se inclinen por ellos. Las observaciones son indicadores útiles y son lo suficientemente ciertas como para serlo.

Veamos dos sistemas de representación opuestos, el visual y el cinestésico. Yo pertenezco a la categoría visual. Me gustan las cosas que se ven bien. Hablo, camino y me muevo con rapidez y me emociono con las nuevas ideas, además no me siento demasiado cómodo abrazando físicamente a los desconocidos. Probablemente la mejor manera de ilustrar cómo se comunica con los diferentes estilos sería a través de una historia.

Conozco a alguien que es todo lo contrario a mí y sería un cinestésico extremo. Cuando nos encontramos por primera vez, yo prefiero un apretón de manos y él prefiere un abrazo y se queda muy cerca de mí. El apretón de manos tiende a prolongarse un poco más, al igual que el apretón al final. Habla de forma muy lenta, pausada y tarda en ir al grano. Para un visual como yo, quiero pulsar el botón de avance rápido, acelerar las cosas e ir al grano rápidamente y de forma entretenida. Él tendría el punto de vista opuesto y podría sentir que yo era un poco frío, impaciente, poco comprometido y que no mostraba suficiente emoción o sentimientos.

Cuando un visual se dirige a un cinestésico, es importante que todo vaya más despacio. Esto significa movimiento, discurso, respiración e ideas. Cuando describas algo, pasa de cómo se ven las cosas a cómo se sienten. Utilizar frases como se sintió como una buena reunión, en lugar de decir me pareció una buena reunión, ayudará a crear una mayor conexión.

# CAPÍTULO 4

# El Poder de la Creencia

"Tanto si crees que puedes como si crees que no puedes,

tienes razón".

*Henry Ford*

En mi experiencia y al observar a los vendedores de éxito, muchos tenían una fuerte creencia interior. La creencia de que alcanzarían sus objetivos y satisfarían las exigencias que su empresa les había impuesto.

Un vendedor que conocí era el mejor vendedor cada año. No tenía la mejor zona en términos de volumen de negocio o las mejores oportunidades y, sin embargo, siempre se las arreglaba para ser el número uno. Era como un imán que atraía negocios. Recuerdo que se acercaba el final de un año de ventas y todavía no estaba en la posición número uno. Entonces, en la última semana de diciembre, como por arte de magia, recuperó el puesto número uno.

Era interesante que no se hubiera planteado la idea de no ser el número uno. Su opinión era que el puesto número uno no estaba asegurado, "todavía". Esto era más que una creencia en sí mismo, ¡era un saber!

## CREENCIA Y PLACEBO

El poder de la creencia ha sido bien documentado con la investigación de los placebos. La palabra placebo viene del latín y significa "voy a complacer".

Los placebos pueden hacerse pasar por medicamentos y parecerlo, pero a menudo no son más que píldoras de azúcar. Se han realizado investigaciones con pacientes que sufrían migrañas. Los investigadores pidieron a todos sus sujetos que se abstuvieran de tomar cualquier medicamento durante las dos horas siguientes a la aparición de su primera migraña. A continuación, los sujetos recibieron seis sobres, cada uno de los cuales contenía una píldora que debían tomar durante sus siguientes seis ataques de migraña. Dos de los sobres llevaban la etiqueta "Maxalt", un medicamento utilizado para el tratamiento de las migrañas. Dos de los sobres indicaban que la píldora que había dentro podía ser "Maxalt o Placebo". Los dos últimos sobres llevaban la etiqueta "Placebo". Los sujetos calificaron su grado de dolor dos horas después de tomar cada píldora. Cuando los sujetos no tomaron ninguna píldora, informaron de un aumento del quince por ciento en el dolor de la migraña después de dos horas. Cuando tomaron una píldora etiquetada como placebo, informaron de una reducción del dolor del veintiséis por ciento. Cuando tomaron una píldora etiquetada como Maxalt, informaron de una reducción del cuarenta por ciento del dolor.

Sin embargo, cuando tomaron una píldora que podía ser tanto un placebo como Maxalt, también informaron de una reducción del dolor del cuarenta por ciento. Increíblemente, el placebo etiquetado como Maxalt era igual de eficaz que el fármaco Maxalt real.

## Una Historia Extraordinaria

Una de las historias más extraordinarias sobre el poder de la creencia tiene que ver con un artículo publicado en 1957 en la revista Journal of Projective Techniques que hace referencia al médico Philip West y a su paciente, el Sr. Wright. La historia es tan extraordinaria que, de no haber sido documentada en la revista médica oficial, podría haberse considerado pura fantasía.

El Sr. Wright padecía un tumor maligno avanzado asociado a los ganglios linfáticos conocido como linfosarcoma. El Sr. Wright estaba bajo el cuidado del Dr. Philip West y se encontraba en estado terminal, necesitando una máscara de oxígeno para ayudarle a respirar. Tenía grandes tumores del tamaño de una naranja en el cuello, la ingle, el pecho y el abdomen. Se le extraía entre uno y dos litros (33 a 68 oz.) de líquido lechoso del pecho cada dos días.

Sin embargo, al Sr. Wright no le faltaba esperanza. Se estaba desarrollando un nuevo medicamento llamado Krebiozen y la clínica de Philip West había sido elegida por la Asociación Médica para la evaluación del tratamiento. Pero el Sr. Wright lo consideraron como un paciente que no era elegible para el ensayo debido a su corta esperanza de vida de tan sólo unas semanas.

Cuando llegó el medicamento, el Sr. Wright suplicó a Philip West que lo incluyera en el ensayo. West cedió y aceptó que Wright formara parte de la prueba. El viernes por la mañana, antes del tratamiento, Wright jadeaba y estaba completamente postrado en la cama. Se le administró el fármaco por vía intravenosa y Philip West no volvió a verlo hasta el lunes por la mañana.

Al volver el lunes, West se sorprendió al ver a Wright levantado y charlando con las enfermeras sin la máscara de oxígeno. La evolución de Wright había sido asombrosa y, sólo en cuestión de días, los tumores se habían reducido como bolas de nieve en una estufa caliente a la mitad de su tamaño original. Al observar esto, Philip West estaba ansioso por comprobar los otros pacientes que habían recibido la misma inyección. Los otros pacientes no mostraban ningún cambio, algunos incluso estaban peor.

Las inyecciones continuaron tres veces al día y, en diez días, el Sr. Wright fue dado de alta de su lecho de muerte, con prácticamente todos los signos de la enfermedad desterrados de su cuerpo. Ahora respiraba con normalidad y podía pilotar su avión a 12.000 pies (3.657 metros) sin ninguna molestia.

Luego de dos meses, empezaron a llegar informes de todas las clínicas de pruebas de que el Krebiozen no era eficaz y que no había resultados positivos hasta el momento. Esto preocupó a Wright y empezó a perder la fe. Tras dos meses de perfecta salud, volvió a recaer en su estado original.

En ese momento, Philip West pensó que había una oportunidad para comprobar el medicamento y aprovechó el optimismo de Wright para realizar un experimento científico. West decidió mentir al Sr. Wright y decirle que no debía creer lo que leía en los periódicos y que los resultados iniciales con el fármaco habían sido muy prometedores. Le dijo que al día siguiente llegaría una nueva versión del fármaco, que era una droga súper potente.

Philip West esperó unos días antes de administrar el fármaco por vía intravenosa de forma idéntica. En esta ocasión, la recuperación de Wright fue aún más espectacular. Los tumores se fundieron, el líquido torácico desapareció y volvió a pilotar su avión. Sin embargo, estas inyecciones que Phillip West le administraba no eran una versión súper fortalecida de Krebiozen, ¡sino agua dulce!

Después de eso, apareció en la prensa el anuncio final de la AMA (Asociación Médica Estadounidense), en el que se afirmaba que el Krebiozen era un medicamento inútil para el tratamiento del cáncer. A los pocos días de este informe, el Sr. Wright volvió a ingresar en el hospital, ya sin fe y murió en menos de dos días.

## La Creencia por Encima de la Genética

Albert Mason era un joven anestesista que a menudo utilizaba el hipnotismo para tratar el dolor y curar dolencias comunes. Esta sorprendente historia está documentada en el British Medical Journal. El caso, de 1951, se refiere a un joven de 16 años cuya piel estaba cubierta de verrugas negras, excepto en el pecho, el cuello y la cara. La piel era tan dura como una uña y se agrietaba en la superficie y brotaba suero manchado de sangre.

En un intento de ayudar al paciente, el chico se sometió a una cirugía de injerto de piel. Por desgracia, los dos injertos de piel no tuvieron éxito. Mason sugirió a uno de los cirujanos que probara la hipnosis, ya que se había informado de que tenía mucho éxito para curar las verrugas. El cirujano, no muy entusiasmado, dijo: "Bueno, ¡por qué no lo pruebas tú!"

El tratamiento por hipnosis comenzó el 10 de febrero de 1951. El paciente fue hipnotizado y, bajo hipnosis, se le sugirió que el brazo izquierdo se limpiaría. Después de unos cinco días, la capa dura de la piel se ablandó y cayó. Al cabo de unos días, la piel se volvió rosada y suave. Al cabo de diez días, el brazo estaba completamente limpio desde el hombro hasta la muñeca.

Lo sorprendente de esta historia es que el niño no tenía un caso grave de verrugas, sino que padecía "eritrodermia ictiosiforme congénita" o enfermedad de Brocq, para la que no existe cura. Una vez que Mason descubrió que había habido un error de diagnóstico y que no se trataba de un caso de verrugas, no pudo repetir el tratamiento. Su creencia había cambiado.

## Seguramente Esto No Funcionaría

El cirujano J. Bruce Moseley, del Centro Médico de Asuntos de Veteranos de Houston, ha realizado numerosas operaciones de artrosis de rodilla a lo largo de los años. La artrosis es una pérdida del cartílago articular esencial y puede ser muy dolorosa y debilitante para la persona que la padece. Como remedio, a menudo se lleva a cabo la cirugía artroscópica de rodilla. Se realizan dos formas de cirugía en las que,

1. El cartílago suelto o desgastado se corta.
2. El cartílago en mal estado se elimina con líquido.

Mosely organizó un estudio y sus colegas distribuyeron aleatoriamente a ciento ochenta pacientes con artrosis en tres grupos de tratamiento. El primer grupo se sometió a una intervención quirúrgica en la que se cortó el cartílago suelto o desgastado. El segundo grupo se sometió a una intervención quirúrgica en la que se eliminó el cartílago defectuoso con un líquido. El tercer grupo se sometió a una cirugía simulada. La cirugía se llevó a cabo como si fuera una cirugía real, con una incisión realizada, donde Mosely incluso siguió un video para que la operación pareciera auténtica.

Durante dos años después de las intervenciones, los pacientes siguieron evaluando su dolor de rodilla. Los resultados muestran que, en cada momento de la investigación, los tres grupos informaron de un grado igual de reducción del dolor y de un aumento del nivel de actividad. Algunos estaban tan satisfechos con la cirugía simulada que pidieron que se les operara también la otra rodilla. Un individuo, víctima de la Guerra de Corea, respondió tan bien a la cirugía simulada que pudo volver a jugar al baloncesto con sus nietos después de haber necesitado un bastón para caminar.

## Superar el Veneno

La Iglesia de la Santidad Pentecostal Libre (Free Pentecostal Holiness Church) es una secta religiosa situada en las regiones montañosas del este de Kentucky, Tennessee, partes de Indiana y Carolina del Norte. Observan prácticas estrictas como parte de su vida cotidiana. Asisten a la iglesia con frecuencia y se entregan a lo que algunos describirían como rituales extremos para mostrar y poner a prueba su fe.

Como parte de una de sus pruebas de fe, se han observado más de doscientos casos de manipulación exitosa de serpientes de cascabel y cabezas de cobre venenosas. También hubo casos en los que varios fieles diferentes, durante un estado de éxtasis, manipularon antorchas de "combustible", llamas de acetileno y carbón en llamas sin sufrir lesiones térmicas en sus cuerpos o ropas.

Se ha observado que dos ministros, en estado de exaltación, han bebido dosis tóxicas de solución de sulfato de estricnina, sin efectos perjudiciales.

## Tus Pensamientos Activan Tus Genes

La investigación pionera de Bruce Lipton en el campo de la epigenética muestra cómo nuestros pensamientos pueden afectar a nuestros genes. Cada vez que pensamos, le hablamos a nuestros genes. El campo de la epigenética, que es de rápido crecimiento, está demostrando que lo que somos es el producto de nuestras creencias, que cambian el modo en que funcionan nuestros genes.

Lo que no cambian son los genes con los que nacemos, pero lo que sí cambia es la forma en que los pensamientos afectan a los cientos de proteínas, enzimas y otras sustancias químicas que regulan nuestras células. Los pensamientos y las creencias realmente pueden afectar al resultado.

## El Efecto de las Creencias en los Demás

Es bien sabido que la creencia de una persona en el hipnotizador afecta a la capacidad de ser hipnotizado. Sin embargo, el hipnotizador e investigador del control mental, George Estabrooks, estableció que la creencia del hipnotizador afecta a la capacidad de hipnotizar al sujeto.

En medicina, se suele prestar atención al papel que desempeña la creencia del paciente en un determinado tratamiento y por ende en su eficacia. Sin embargo, también está la cuestión de la creencia del médico y el efecto que tiene en el resultado. Se ha demostrado que la creencia del médico en una terapia concreta puede afectar, y de hecho lo hace, al resultado de un paciente. Esto se ha demostrado en experimentos con el método doble ciego.

Jerry Solfvin ha examinado estudios utilizando el método doble ciego para analizar el efecto del uso de la vitamina E en el tratamiento del dolor asociado a la enfermedad arterial coronaria. Uno de los médicos del estudio creía con entusiasmo en el poder de la vitamina E, mientras que los otros tres médicos no lo hacían. Sorprendentemente, los resultados de los estudios de doble ciego coincidieron con las creencias del médico. El médico entusiasta consideró que los efectos de la vitamina E eran mejores que los del placebo, mientras que los otros dos médicos no.

Solfvin también cita otro caso. En la década de 1950 hubo informes contradictorios sobre el meprobamato, un fármaco tranquilizante. Se diseñó un estudio de doble ciego. Uno de los médicos que administraba el fármaco se sentía positivo y entusiasmado con él y el otro se mostraba escéptico sobre su eficacia. Ni los médicos ni los pacientes sabían si se trataba del fármaco o del placebo por lo tanto no sabían que formaban parte de un experimento. Los resultados del fármaco fueron más eficaces para los pacientes del médico entusiasta, pero no fueron mejores que el placebo para el médico escéptico.

En todas estas historias y estudios ha surgido algo muy importante. El poder de las creencias puede, en muchos casos, anular la realidad. El resultado parece verse afectado no sólo por la creencia del receptor, sino también por la creencia del operador. Esto es profundo y, en un contexto de ventas, vale la pena explorarlo y reflexionar largo y tendido. ¡Argumenta tu debilidad y será tuya!

# EL PODER DEL IMPULSO Y LA CONCENTRACIÓN

## El Poder del Impulso

Si la creencia afecta al resultado, ¿cuáles son los efectos cuando se combina con el impulso y la concentración? Para ilustrar esto, veamos cómo una leyenda del deporte aborda el impulso y la concentración.

El legendario jugador de rugby escocés Chris Paterson es el máximo goleador de Escocia, con 809 puntos, además es el segundo jugador escocés con más partidos internacionales, con 109. El fútbol americano sería un equivalente lejano del rugby para los menos familiarizados con el juego. Además de ser un jugador de rugby de primera clase, Chris es conocido por su precisión en la patada. Hay mucha presión sobre el pateador de goles y, en muchos partidos, el único, o la mayoría de los puntos anotados son de la bota del pateador de goles. Por lo tanto, el pateador puede ganar o perder un partido y está sometido a una presión considerable.

Chris empezó a jugar al rugby a los tres años. Al crecer en la ciudad de Gala, en las fronteras escocesas, estaba rodeado de rugby y soñaba con jugar con el equipo de Escocia. Incluso a esa temprana edad, ya había decidido que iba a jugar al rugby internacional. Se dio cuenta de que para alcanzar este sueño había que trabajar mucho. Como quería ser el mejor jugador y el que estuviera más en forma en cualquiera de los equipos en los que jugara, se entrenó duramente para conseguirlo.

Chris empezó a patear goles cuando apenas era un colegial. En el rugby escolar, no se dan muchas patadas. Sin embargo, se interesó en eso después de ver el rugby internacional en la televisión. A la hora de comer, tomaba algunos balones de rugby, se dirigía al campo y empezaba a practicar las patadas a la portería.

Cuando pateaba para Escocia, Chris trabajaba mucho con el entrenador de pateadores Mick Byrne, que ayudó durante este periodo, a que la técnica de Chris cambiara de manera irreconocible. Lo más importante que aportó Mick Byrne fue la capacidad de educar. Explicaba con gran detalle lo que ocurriría si el hombro izquierdo se salía, el pie izquierdo estaba demasiado cerca, la pierna derecha subía demasiado rápido o la cabeza se levantaba.

Trabajando con Mick, Chris desarrolló y siguió el mismo proceso bien ensayado cada vez. El primer paso consistía en reducir el ritmo cardíaco y, a continuación, realizar la preparación paso a paso.

Después de cada una de las patadas, se evalúan, tanto si son acertadas como si no. Si se falla una patada y se ejecuta una segunda desde un lugar similar, se descarta el pensamiento de *"será mejor que patee esta porque he fallado la anterior"*, ya que se ha realizado el análisis y se ha identificado el fallo en la anterior. Cada patada tiene la misma importancia, independientemente del resultado del partido. A veces, una patada perfectamente ejecutada puede ser atrapada por una ráfaga de viento y fallar. En estas circunstancias, el pateador no puede culparse a sí mismo siempre que haya seguido su procedimiento para realizar la patada.

## El Poder de la Concentración

Muchos de nosotros, si se nos pide que pateemos un balón a un objetivo, simplemente patearíamos el balón hacia él. Chris Paterson no se limitó a mirar los postes de la portería, sino que eligió un pequeño objetivo más allá de los postes. Podría haber sido la "S" de Scottish Rugby o la "M" del cartel del estadio de Murrayfield. Este estrechamiento del enfoque mejoró en gran medida su índice de éxito. El objetivo se utilizó después de la patada en el proceso de autoevaluación para comprobar la alineación.

Chris se desprendió del resultado de cada patada, por muy importante que fuera, entonces se centró en el proceso. Seguir el proceso ayudaba a dejar fuera a las más de ochenta mil personas que, en ocasiones, lo veían en directo en el estadio. Cada patada era tratada de la misma manera, tanto si Escocia llevaba treinta y cinco puntos de ventaja como si se trataba de una patada para ganar el partido. El balón no se golpeaba con más fuerza ni de forma diferente.

Si a nosotros, nos pidieran que pateáramos un balón, miraríamos al balón que íbamos a patear y luego lo patearíamos. La atención de Chris al proceso se reduce a mirar un pequeño punto, que a veces puede ser un punto del balón.

Tal fue la dedicación de Chris que, entre el 11 de agosto de 2007 y el 7 de junio de 2008, consiguió patear 36 goles consecutivos para Escocia, sin fallar ni un solo intento, lo que constituyó un récord en aquella época. Se trata de un logro extraordinario. Lo que es aún más notable es que no todas las patadas fueron fáciles y esto fue en un momento en que Escocia no era una fuerza dominante en el rugby mundial.

## Aplicación a las Ventas

En las ventas, podemos aprender mucho de la disciplina que Chris ha demostrado pateando goles.

1. Seguir un proceso y confiar en él.
2. La importancia de centrarse y tener un objetivo específico.
3. Aprender a auto-evaluarse.
4. Habilidad para comprometerse y aprender de los demás.
5. Aceptar que algunas cosas están fuera de nuestro control.

6. Separarse del resultado y centrarse en el proceso probado para generar resultados.

Finalmente, aprender a gestionar tu estado si quieres ser lo más eficaz posible y veremos este ingrediente clave en el próximo capítulo.

# CAPÍTULO 5

# Controlar Tu Estado

"Si no controlas tus emociones, ellas te controlarán a ti, y eso no es bueno".

*Mariano Rivera*

Uno de los verdaderos ingredientes mágicos es la capacidad de controlar tu estado. ¿Qué se entiende por control de estado? Es la capacidad de controlar y recordar las emociones y utilizarlas de forma constructiva.

## SECRETOS DEL ESTADO

No puedo dejar de insistir en la importancia de controlar el estado. Ser capaz de gestionar tu estado es una de las habilidades clave que cualquier comunicador o vendedor debe dominar.

Estoy seguro de que todos hemos estado en una situación en la que estábamos a punto de comprar algo y la actitud de la persona era poco favorable. Esta actitud se nos contagia y afecta a nuestra disposición a comprar algo. Se ha dicho que el entusiasmo es contagioso. Veamos ahora si podemos recurrir a alguna investigación para ver si hay alguna prueba de la interconexión entre dos personas.

## Llegar al Corazón del Asunto

A la mayoría de nosotros nos han enseñado que el corazón responde constantemente a las "órdenes" que le envía el cerebro en forma de señales neuronales. Sin embargo, el corazón envía más señales al cerebro que el cerebro al corazón. Estas señales del corazón tienen un efecto significativo en el cerebro e influyen en las emociones, así como en la atención, la percepción, la memoria y la resolución de problemas.

No sólo el corazón responde al cerebro, sino que el cerebro responde continuamente al corazón. El corazón se comunica con el cerebro de cuatro formas principales.

1. Neurológicamente (mediante la transmisión de impulsos nerviosos).
2. Bioquímicamente (a través de las hormonas y los neurotransmisores).
3. Biofísicamente (a través de las ondas de presión).
4. Energéticamente (a través de interacciones de campo electromagnético).

Todos estos métodos de comunicación afectan a la actividad cerebral. Las investigaciones del Instituto Heartmath demuestran que los mensajes que el corazón envía al cerebro también pueden afectar al rendimiento. El corazón es la fuente de energía electromagnética más potente del cuerpo humano, ya que produce el mayor campo electromagnético rítmico de todos los órganos del cuerpo. El campo eléctrico del corazón es unas sesenta veces mayor en amplitud que la actividad eléctrica generada por el cerebro. Además, el campo magnético producido por el corazón es más de cien veces mayor en intensidad que el campo generado por el cerebro. Esto puede detectarse hasta a un metro de distancia del cuerpo y se ha comprobado utilizando magnetómetros basados en SQUID.

Las pruebas apoyan ahora la idea de que un sutil pero influyente sistema de comunicación electromagnética o "energética" opera justo por debajo de nuestro nivel de conciencia. Los resultados de estos experimentos han concluido que el sistema nervioso actúa como una especie de antena, que está sintonizada y responde a los campos magnéticos producidos por los corazones de otros individuos.

Se ha observado que esta capacidad de comunicación energética puede potenciarse, lo que da lugar a un nivel mucho más profundo de comunicación no verbal, comprensión y conexión entre las personas. Esto ilustra la importancia del control del estado y su efecto en la interacción con los demás.

## El Vínculo Entre la Fisiología y la Psicología

Cuando las personas se encuentran en un estado cargado de emociones, su lenguaje corporal lo refleja. Si alguien está enfadado, por ejemplo, muestra el típico lenguaje corporal de la ira, como el estrechamiento de los labios y el fruncimiento del ceño. La gran pregunta es que si tus emociones se reflejan en tu físico, ¿es un proceso unidireccional? ¿Funcionaría al revés?

Amy Cuddy descubrió que existe un fuerte vínculo entre los sentimientos de poder y la adopción de una postura de poder. No es de extrañar que esto ocurra porque otras disciplinas, como el yoga, las cuales tienen como núcleo las posturas corporales.

Esto significa que al adoptar una postura corporal diferente, es posible generar una respuesta emocional correspondiente. Quizá hayas notado que cuando alguien está deprimido, tiende a mirar al suelo y a volverse más pequeño. Alguien que acaba de ganar o de salir victorioso suele mirar hacia arriba, es posible que vea que aprieta o bombea los puños mientras se va agrandando. Este es el lenguaje corporal de la victoria y el éxito.

Si te encuentras deprimido, mira hacia arriba con los ojos y observa cómo es muy difícil mantener ese sentimiento de depresión. Del mismo modo, si te sientes victorioso y adoptas una posición de lenguaje corporal deprimido, es muy difícil mantener esa sensación de éxito.

## Fluidez de Estado

Ser capaz de pasar a diferentes estados de ánimo ciertamente requiere un poco de práctica. Esto es algo que se puede practicar fuera de las reuniones con los clientes. Es muy útil pasar a diferentes estados emocionales y, en las ventas, dos de los más útiles son el éxito y la confianza.

La gente dice que no es posible cambiar de estado. ¿Pero no es eso lo que hacen los actores cuando se meten en un personaje o cuando una estrella de rock sube al escenario?

Imagina que te ganas la lotería. ¿Crees que tu estado mental cambiaría?

La forma más fácil de entrar en un estado determinado es revivir una experiencia anterior con la mayor fuerza y realismo posible. El secreto del éxito de esto es la imaginación.

Ya se ha establecido que la misma parte del cerebro procesa algo vívidamente imaginado y algo real. Experimentemos con esto. Elige un momento en el que no haya distracciones y sumérgete todo lo que puedas en el siguiente ejercicio. Incluso puedes cerrar los ojos para mejorar la experiencia.

## Ejercicio

Me gustaría que pensaras en un limón y que imaginaras que tienes ese limón en la mano. Observa el color amarillo brillante y la firmeza del limón mientras lo aprietas suavemente, sintiendo su superficie ligeramente aceitosa. Acércate el limón lentamente a la nariz, respira y nota ese ligero olor a limón. Ahora colócalo en una tabla de cortar. Extiende el brazo y toma un cuchillo muy afilado. Comienza a cortar lentamente el limón con el cuchillo y observa cómo el jugo de limón comienza a salir suavemente. Puede que incluso escuches un sonido mientras el jugo de limón se escapa. Presta atención al olor fresco y limpio del limón mientras lo respiras. Sigue cortando para que el limón quede en dos mitades. Ahora, corta un trozo de limón. Agáchate y agarra el trozo de limón y acércalo lentamente a tu nariz y observa cómo el olor a limón se hace más fuerte cuanto más se acerca a tu nariz. Sigue acercando el limón a tu nariz. Respira el olor fresco y agradable del limón. Ahora abre la boca y dale un buen mordisco.

Muchos de ustedes estarán ahora salivando. Cuando he descrito y utilizado la misma historia ante un público en directo, muchos empezarán a poner cara de asco al imaginarse dando un mordisco al limón imaginario. Por supuesto, no hay ningún limón, es puramente imaginario. Sin embargo, muchos de ustedes habrán empezado a salivar, incluso algunos habrán arrugado la cara. Esto demuestra el poder de la imaginación.

En el ejemplo anterior, dependiendo de lo buena que sea tu imaginación, dependerá lo realista que haya sido esa experiencia para ti. El solo hecho de pensar en la comida india me produce el mismo efecto de salivación. ¿Quizás también lo tenga para ti?

Imagínate que eres capaz de salivar y de arrugar la cara ante un limón imaginario. ¿Qué más eres capaz de imaginar? ¿Podría ser tener éxito?

## CONTROLAR EL ESTADO

Tomemos los principios del control del estado y utilicémoslos para crear el estado deseado. Esto requiere un poco de práctica y cuanto más lo hagas, más fácil te resultará. Así pues, empecemos.

En primer lugar, cierra los ojos y piensa en un momento en el que eras más invencible, más seguro y mejor. Haz que la experiencia sea tan grande como una pantalla IMAX y recuerda que es como si revivieras la experiencia y la vieras a través de tus propios ojos y no sentado entre el público. Haz que los colores sean brillantes y atrevidos, sube el brillo de la imagen. Ve lo que has visto, oye lo que has oído, siente lo que has sentido. Saborea lo que hayas probado y huele lo que hayas olido.

Cuando las imágenes, los sonidos, los olores, los sentimientos y los sabores empiecen a volver, imagina que hay un interruptor justo delante de ti con la etiqueta "potenciador de la experiencia". Imagina que giras ese interruptor hasta el máximo nivel. Observa cómo se intensifican las sensaciones y mantén ese estado durante unos dos minutos.

Ahora abre los ojos y piensa en algo bastante ordinario y mundano, como lo que cenaste anoche. Repitamos el ejercicio y esta vez intensifiquemos realmente la experiencia. Repite el ejercicio.

Cada vez que repetimos esto, que se llama fraccionamiento, se profundiza la experiencia. Dependiendo de tu nivel de absorción, determinará lo diferente que te sentirás cuando abras los ojos y vuelvas a la normalidad. La clave es ser travieso y resistir la tentación de ser lógico y demasiado literal. Cuanto más practiques, mejor lo harás. Recuerda que debes ser travieso.

## Consejos para Practicar

Algunos tienden, si son muy lógicos y estructurados, a forzar la experiencia. La clave del éxito es no intentarlo. Deja que ocurra sé juguetón y travieso. El acto de intentarlo suele obstaculizar el progreso. La clave de la gestión del estado es sumergirse en la experiencia. Cuanto más brillante y clara sea la imagen y más sentidos participen en la experiencia, más vívido será el recuerdo del estado. Piensa de forma divertida y déjate llevar.

## Un Método Rápido

Si buscas un método sencillo y rápido, basta con que adquieras el hábito de desarrollar un intenso deseo de conocer a alguien para recorrer un largo camino. Cuando conozcas a alguien por primera vez, busca algo que te guste de la persona. Puede ser su ropa, algo sobre ellos o algo que hayan logrado. Centra tu atención en lo que te gusta, exagera la sensación y sigue concentrándote en eso.

## Anclas Lejos

Hace muchos años que me interesa levantar pesas para mantenerme en forma y para ayudarme a mantenerme fuerte. Cada año, entre los meses de diciembre y enero, en el Reino Unido en la televisión, tenemos la oportunidad de ver al hombre más fuerte del mundo.

En 2018, Eddie Hall, del Reino Unido, se convirtió en el hombre más fuerte del mundo por primera vez. Mi hijo menor tenía tres años en ese momento y estaba fascinado con el programa y con Eddie Hall. Después de que Eddie ganara la competición en 2018, lo contrataron para una gira por el Reino Unido. Como parte de la gira, vino a Edimburgo, a Escocia, donde vivo. Tuve la suerte de que me regalaran entradas para que mi hijo pequeño y yo fuéramos. Fue una gran sorpresa para mi hijo, ya que sabía que le encantaría conocer a Eddie.

Al llegar, nos tomaron una foto y nos firmaron el libro. Se acercaba la hora de ir a la cama y mi hijo debía volver a casa con su madre. Entonces entré en la sala principal y me uní a los demás miembros del público y esperé ansiosamente la llegada de Eddie Hall.

Eddie llegó a la sala un rato después y dio una charla excelente, informativa y llena de humor sobre su trayectoria, retos y logros. Después de su charla, hubo oportunidad de hacer preguntas. Yo había esperado esta oportunidad, ya que tenía una pregunta específica en mente para hacerle.

Además de que Eddie Hall fue coronado como el hombre más fuerte del mundo en 2018, también había logrado la magnífica hazaña de ser el primer hombre en levantar 500 kg o media tonelada en peso muerto. Para los más familiarizados con el sistema de medidas imperial, esto es 1100 libras. Para quien no frecuenta el gimnasio, levantar 200kg (440 libras) en peso muerto es muy fuerte. Levantar 500 kg (1100 libras) es simplemente increíble. Antes se consideraba una hazaña imposible de conseguir.

Recuerdo que lo vi en la televisión y me quedé asombrado al ver a Eddie lograr el levantamiento. Antes del levantamiento, Eddie parecía estar en un lugar extraño mentalmente. Parecía estar en un estado inusual antes de intentar levantar los 500 kg y hacerlo con éxito. En un momento del levantamiento, parecía que a Eddie se le iban a salir los ojos y le empezó a sangrar la nariz. Al final, se desplomó y necesitó oxígeno para recuperarse. En su libro, Eddie explica con más detalle cómo le afectó esto en los días posteriores al levantamiento. Me fascinó cómo había logrado ese levantamiento, ya que había otros hombres, algunos más grandes que él, que no lo habían conseguido.

De vuelta al evento, se acercaba mi oportunidad de encontrar más información. Me senté allí, decidido a asegurarme de hacer mi pregunta. Las preguntas anteriores se referían a los batidos de proteínas, la dieta y el ejercicio, pero ahora era mi turno. Aproveché rápidamente la oportunidad y levanté la mano. Llegó el micrófono, mi momento había llegado.

"Eddie, todos ustedes son tipos fuertes y grandes. ¿Cuánto de lo que hacen es mental y cuánto es físico? La respuesta de Eddie fue bastante sorprendente. Nos habló de que, por supuesto, hay que ser grande y fuerte, pero más del 90% de lo que hacen es mental. Luego dijo algo bastante sorprendente. Dijo que no podría haber logrado el levantamiento de 500 kg sin la ayuda de un hipnoterapeuta. El hipnoterapeuta le había dicho a Eddie que debía pellizcarse la piel de la mano antes de intentar el levantamiento. Esto le permitió entrar en el estado que necesitaba. No era un estado de enojo, pero era un lugar oscuro. Este es un ejemplo de lo que llamamos en PNL (programación neurolingüística) anclaje.

El anclaje es común en la vida cotidiana. Cuando escuchamos una canción, nos recuerda a alguien; olemos una fragancia y nos recuerda a alguien. Otro ejemplo es cuando nos negamos a volver a un restaurante en el que hemos comido mal, aunque haya sido hace cinco años y el chef se haya ido probablemente hace tiempo, junto con la comida ofensiva.

## Se te Hace Agua la Boca

El anclaje surgió por primera vez a partir del trabajo de Ivan Pavlov con sus perros. Durante la década de 1890, el fisiólogo ruso Ivan Pavlov estaba investigando la salivación de los perros al ser alimentados. El flujo de saliva se midió introduciendo un pequeño tubo de ensayo en la mejilla de cada perro, con el que se midió la saliva cuando los perros eran alimentados con carne en polvo.

Pavlov predijo que los perros salivarían cuando se les pusiera comida delante. Sin embargo, lo que observó fue que los perros empezaban a salivar cada vez que oían los pasos de alguien que les traía la comida. Este fue un descubrimiento importante sobre cómo aprendemos.

## El Condicionamiento Pavloviano

Pavlov partió de la idea de que hay cosas que están grabadas en los perros y que no necesitan aprender. La capacidad de salivar cuando ven comida es una de ellas. En términos conductistas, la comida es un estímulo incondicionado y la salivación es una respuesta incondicionada. Esto significa que no requiere aprendizaje. El estímulo incondicionado (la comida) conduce a una respuesta incondicionada (la salivación).

Para explorar esto más a fondo, Pavlov creó un experimento. En su experimento, utilizó metrónomos, campanas y luces como estímulos neutros. Pavlov comenzó entonces el procedimiento de condicionamiento. Empezaba a hacer clic con el metrónomo justo antes de dar la comida a sus perros. Este procedimiento se repitió hasta que sólo comenzó el clic del metrónomo. Como era de esperar, el sonido del metrónomo provocaba por sí solo un aumento de la salivación. La asociación entre el metrónomo y la comida se había establecido y el perro había aprendido un nuevo comportamiento. Este comportamiento aprendido es una "respuesta condicionada", también conocida como "respuesta pavloviana". Para que se produzca esta asociación y se produzca el aprendizaje, los dos estímulos tienen que presentarse bastante próximos en el tiempo (como el metrónomo y la comida). A esto lo llamó la ley de la contigüidad temporal.

## El Ancla de Eddie

Cuando Eddie Hall había visitado al hipnoterapeuta, aprendió una respuesta condicionada. El hipnoterapeuta había ayudado a Eddie a crear el estado que deseaba tener. El estado deseado se asoció con un pellizco en la piel de su mano. Esto generó la respuesta condicionada o ancla. Al igual que los perros de Pavlov aprendieron a asociar el sonido de un metrónomo y una campana con la comida, nosotros podemos aprender y recuperar nuestro estado deseado con un ancla. En el caso de Eddie, fue con un pellizco de piel en la mano, pero golpear un nudillo también funciona. Es mejor tener un ancla que no sea demasiado obvia, ya que sólo queremos seleccionarla cuando queramos utilizarla.

Si este método fue lo suficientemente eficaz como para permitir a Eddie levantar una cantidad de peso que antes se consideraba imposible, piensa en el poder que podría tener en tus ventas y en tu vida diaria.

## Tu Ancla de Poder Personal

Volvamos al estado deseado. Después de haber practicado esto unas cuantas veces, ahora debería ser más fácil recordar el estado. Cierra los ojos. Piense en un momento en el que te sentiste invencible, seguro de ti mismo y en tu mejor momento. Haz que la imagen sea tan grande como una pantalla IMAX y recuerda que debes experimentarla como si estuvieras reviviendo la experiencia y viéndola a través de tus propios ojos. Haz que los colores sean vivos y brillantes y sube el brillo de la imagen. Debes ver lo que viste, escuchar lo que escuchaste y sentir lo que sentiste. Recuerda los olores y sabores asociados a la experiencia. Imagínate que ves un interruptor que dice potenciador de la experiencia y lo subes al máximo. En el momento en que tu estado empiece a ser máximo, pellizca la piel de tu mano o golpea uno de los nudillos de tu mano. Abre los ojos y piensa en lo que cenaste anoche. Ahora repite el proceso de nuevo. Continúa haciendo este ejercicio unas cuantas veces más hasta que hayas anclado bien el estado que puede ser recordado con un pellizco de la piel o un golpecito en el nudillo. El grado de éxito dependerá de tu capacidad de absorber completamente la experiencia. Felicidades, ya tienes un anclaje de recursos.

# REAL O IMAGINARIO

Cuando se aprende una nueva habilidad, puede llevar tiempo dominarla y es útil disponer de un método rápido. Como ya hemos comentado, tanto algo imaginado como algo real son procesados por las mismas partes del cerebro. ¿Será posible imaginar una forma de tener éxito? Veamos lo que dicen las investigaciones.

## Imaginar el Éxito

Se pidió a los voluntarios que tocaran una secuencia sencilla de notas de piano cada día durante cinco días consecutivos y sus cerebros fueron escaneados cada día en la región conectada a los músculos de los dedos. A otro grupo de voluntarios se les pidió que imaginaran que tocaban las notas y también se les escaneó el cerebro cada día. Se pudo comprobar que los cambios en el cerebro de los que se imaginaban tocando las notas del piano eran los mismos que los que realmente tocaban el piano. Esto demuestra que el cerebro no distingue lo real de lo imaginario.

Un estudio publicado en el Boletín de Neurofisiología del Journal of Neurophysiology descubrió que el simple hecho de imaginar el ejercicio puede tonificar los músculos, retrasar su atrofia e incluso fortalecerlos. Investigadores de la Universidad de Ohio realizaron un experimento con dos grupos de "individuos sanos". Los investigadores vendaron las muñecas de uno de los grupos y las enyesaron. A continuación, les dieron instrucciones de permanecer sentados durante once minutos, cinco días a la semana, durante cuatro semanas y de realizar imágenes mentales de fuertes contracciones musculares. El otro grupo no recibió ninguna instrucción.

Al final de las cuatro semanas, los participantes que realizaron el "ejercicio mental" eran el doble de fuertes que los que no lo hicieron. Esos participantes habían creado vías neuromusculares más fuertes. Los atletas profesionales suelen utilizar las técnicas de ejercicio mental para mejorar su rendimiento. Sin embargo, el estudio de la universidad es el primero que demuestra que la imaginería puede retrasar o detener la atrofia muscular. Los resultados ilustran que el cuerpo y la mente están más interrelacionados de lo que podríamos pensar.

## Gloria del Baloncesto

El doctor Biasiotto llevó a cabo un estudio en la Universidad de Chicago en el que dividió a los jugadores de baloncesto en tres grupos. Cada grupo probó cuántos tiros libres podían hacer. Después de esto, Biasiotto hizo que el primer grupo practicara los tiros libres todos los días durante una hora. El segundo grupo sólo se visualizaba haciendo tiros libres. El tercer grupo no hizo nada. Después de 30 días, volvió a ponerlos a prueba y los resultados fueron los siguientes:

El primer grupo mejoró un 24%

El segundo grupo mejoró un 23% sin tocar un balón de baloncesto.

El tercer grupo no mejoró, lo cual era lo esperado.

En otro estudio realizado en 1960, Clark, L. V. descubrió que la práctica mental era casi tan eficaz como la práctica real en las condiciones del experimento.

Steve Nash, el líder de todos los tiempos en porcentaje de tiros libres de la NBA, siempre realiza varios tiros imaginarios antes de lanzarlos. Esto le ayuda no sólo a visualizar el balón atravesando la red, sino también a preparar su cerebro y su cuerpo para la siguiente habilidad motriz. Después de casi 3.400 intentos regulares, su porcentaje de éxito del 90,4% parece funcionar.

Parece que es cierta la afirmación "Sólo se consigue lo que se cree".

## ¿Por Qué Nos Ponemos Nerviosos?

Uno de los estados más útiles para poder controlar es el de estar ansioso o nervioso. Antes de hacerlo, vamos a explorar por qué nos ponemos nerviosos y qué ocurre.

El sistema nervioso autónomo lleva a cabo muchos procesos por debajo de nuestro nivel de conciencia de forma automática. El sistema nervioso autónomo regula funciones corporales como el ritmo cardíaco, la presión arterial, la dilatación de las pupilas, la temperatura corporal, la sudoración y la digestión. Sólo hay dos procesos que pueden ser anulados conscientemente. Uno es el ritmo de parpadeo y el otro la respiración. Dentro del sistema nervioso autónomo, hay dos sistemas responsables de regular los órganos del cuerpo en respuesta a un estímulo. Son el sistema nervioso parasimpático y el sistema nervioso simpático. El hipotálamo en el cerebro mantiene la homeostasis o el equilibrio entre los dos sistemas nerviosos.

El sistema nervioso parasimpático se estimula cuando estamos en reposo, "el estado de descanso y digestión". El sistema nervioso simpático se estimula con la respuesta al miedo en momentos de estrés. La amígdala envía un mensaje al hipotálamo y, si se sobre estimula, desencadena la respuesta de lucha, huida o parálisis. Esto prepara al cuerpo para la lucha o la huida aumentando el flujo sanguíneo hacia los músculos grandes y alejándolo de las extremidades. La respiración se vuelve menos profunda, más rápida y más alta en el pecho y el ritmo cardíaco aumenta. Los sistemas no esenciales se apagan y la visión periférica y el oído se reducen y experimentamos una visión de túnel o foveal. Los sistemas digestivo e inmunológico también se apagan. Esto provoca mariposas en el estómago. La sangre se drena de la corteza prefrontal, apagando el pensamiento racional. Esto hace que sea prácticamente imposible aprender nada o concentrarse en cosas pequeñas o relacionarse con otras personas, ya que los instintos de supervivencia entran en acción.

Muchos de nosotros habremos tenido la experiencia de estar bajo estrés y tratar de leer una página de un libro. Podemos leer un pasaje una y otra vez y simplemente no entra. Piensa en una discusión acalorada en la que no hayas dicho las cosas correctas en ese momento. Después, cuando te tranquilizas, te vienen pensamientos como "ojalá hubiera dicho eso". ¿Por qué ocurre esto? Esto se debe a que no estabas pensando de forma crítica.

## Cómo Controlar los Nervios

Hemos establecido el vínculo entre nuestro estado y nuestro cuerpo y podemos hacer algo similar con el sistema nervioso. ¿Podemos engañar al sistema nervioso y llevarlo a un estado más relajado? Veamos primero la respiración.

## Un Respiro de Aire Fresco

Recapitulando lo que ocurre cuando nos ponemos nerviosos o ansiosos,

1. La frecuencia respiratoria se acelera.
2. La respiración se hace más superficial.
3. La respiración ocurre más arriba en el pecho.

Algo muy efectivo es la "respiración en caja". Proviene del arte marcial ruso Systema. Respirar desde el abdomen a la cuenta de cuatro. Mantén la cuenta de cuatro. Expulsa el aire mientras cuentas hasta cuatro. No hagas nada durante la cuenta de cuatro. La forma más fácil de practicarlo es contar hasta cuatro mientras se camina y utilizar los pasos para ayudar a contar.

## Verlo Todo

Vamos ahora con la visión. Aunque no tenemos un control consciente sobre nuestras pupilas, podemos cambiar nuestra conciencia de lo que estamos mirando. Cuando estamos estresados, la visión pasa de ser periférica a foveal o de túnel. Cuando estamos relajados, tenemos una visión periférica mucho más amplia. Como la visión periférica está asociada a un estado de relajación, se puede engañar al sistema nervioso para que vuelva a un estado más relajado practicando la visión periférica o, como la llaman los practicantes de Huna, Hakalau. La ventaja de este método es que nadie sabe que se está llevando a cabo y es menos llamativo que alterar la respiración. Intentémoslo ahora.

Elige un punto en la distancia. Mira a ese punto y luego desenfoca tus ojos y comienza a ampliar tu visión. Amplía tu visión y trata de ver tus orejas a ambos lados de tu cabeza y de ampliar tu visión. Ahora intenta ver detrás de ti. El punto que habías enfocado empezará a desenfocarse, pero eso no importa. Lo que empezará a suceder es que comenzarás a relajarte. No es aconsejable practicar esto si estás conduciendo un auto.

## Hablar Consigo Mismo

Hablar consigo mismo puede ser muy eficaz. El legendario jugador de rugby escocés Chris Paterson MBE tiene el récord de mayor número de lanzamientos consecutivos a portería con éxito (36) sin fallar ninguno. Chris es muy consciente de que debe controlar su estado. Antes de cualquier patada, siempre dejaba que su ritmo cardíaco disminuyera. Hablaba consigo mismo en voz baja o en voz alta, reafirmando sus creencias como parte de la preparación antes de patear.

## El Anexo Alfa

Un método que te ayudará a relajarte es lo que yo llamo el anexo alfa, tan solo lleva unos dos minutos. Primero, busca un lugar tranquilo. Puede ser incluso un cubículo en el baño antes de una reunión. Entra, siéntate, cierra los ojos y comienza una técnica de relajación progresiva. Empezando por la cabeza, relaja todos los músculos del cuero cabelludo. A continuación, relaja todos los músculos de los ojos y de tu entorno. Ahora relaja los músculos de la mandíbula. Traslada esa sensación de relajación a los músculos del cuello, los hombros y la parte superior de los brazos. Ahora relaja los músculos de la parte superior de la espalda, el pecho, la parte inferior de la espalda y el abdomen. Permite que esa relajación se extienda a todos los músculos de las caderas y los muslos. Traslada la relajación a la parte inferior de las piernas, las pantorrillas y los pies.

Al hacer esto, las ondas cerebrales comienzan a cambiar de beta, que es muy alerta, a alfa, que es un estado de sueño ligero. Algunas personas están tan acostumbradas a estar en un estado de estrés constante que no saben cómo relajarse. A algunos les resulta difícil relajar los músculos individuales de su cuerpo. Un método que ayuda a eso es contraer y tensar fuertemente los músculos de la zona a la que se quiere llegar. A continuación, relajar todos los músculos. Esto permite experimentar el contraste entre la tensión y la relajación.

# CAPÍTULO 6

# Construir la Compenetración

*"El mayor problema de la comunicación es la ilusión de que se ha producido"*

*George Bernard Shaw*

La compenetración o rapport es un nivel profundo de comunicación y entendimiento entre dos o más personas y es fundamental para cualquier relación. Con la compenetración, casi todo es posible y sin él, muy poco. Antes de analizar la creación de la compenetración, examinemos la ciencia que la sustenta, empezando por la inducción.

## PÉNDULOS OSCILANTES

En 1666, el físico holandés Christian Huygens descubrió que las frecuencias del péndulo de dos relojes montados en la misma pared o tablero se sincronizaban entre sí. Supuso que las vibraciones de las moléculas de aire transmitían pequeñas cantidades de energía de un péndulo al otro y los sincronizaban a una frecuencia común.

Sin embargo, cuando los péndulos se colocaban en superficies diferentes, el efecto desaparecía. El medio de transmisión era el tablero o la pared que vibraba. El "oscilador" más fuerte bloquea al más débil en su frecuencia. Cuando ambos cuerpos oscilantes tienen la misma energía, ambos sistemas se mueven el uno hacia el otro. El sistema más rápido se ralentiza y el más lento se acelera hasta que entran en un movimiento común.

## Armonización

La sincronización de los péndulos puede explicarse por el arrastre. El arrastre es un proceso mediante el cual sistemas independientes interactúan entre sí. Cuando dos señales se acercan en frecuencia, caen en una única frecuencia, como cuando los péndulos empezaron a oscilar de forma sincronizada.

El fenómeno se extiende también al mundo biológico, con ejemplos como el de la sincronización de las luciérnagas y, en los humanos, con el reajuste de los relojes corporales por la luz solar (arrastre circadiano). La señal de "arrastre" puede provenir del interior del cuerpo o del exterior.

¿Alguna vez te has encontrado caminando por la calle inmerso en una conversación con alguien y, al mirar hacia abajo, te das cuenta de que los pasos de ambos estaban totalmente sincronizados? Este es un ejemplo de arrastre. La armonización es un proceso inconsciente y la respiración puede llegar a entroncarse con el ritmo de la música.

Los experimentos han demostrado que cuando los individuos interactúan socialmente, por ejemplo, en una conversación, los ritmos de sus acciones se arrastran. No basta con estar en la misma habitación, tiene que haber atención mutua para que esto ocurra. Esto implica que hay algún tipo de conexión que une a las personas y el ingrediente clave es la atención mutua.

## CONSTRUIR LA COMPENETRACIÓN

Cuando las personas tienen compenetración, suelen decir "estamos en la misma longitud de onda". Esta expresión es una buena metáfora para considerar la compenetración y la investigación la respalda.

Piensa en estar en la playa o junto al mar y considera que dos olas interactúan entre sí. Si dos olas están sincronizadas entre sí, se produce una interferencia constructiva y la ola se hace más grande. En términos de compenetración, esto representa un fortalecimiento de la relación. Sin embargo, si las ondas no están sincronizadas, los picos y los valles se anulan mutuamente y se produce una interferencia destructiva. En términos de compenetración, esto significa una destrucción de la relación o la ausencia de compenetración. Utilizando esta analogía de la onda, mientras más cerca estén las dos ondas de estar sincronizadas, más fuerte será la onda resultante.

¿Qué significa esto para la compenetración? Cuanto más te parezcas a alguien, más relación tendrás con él. Una buena analogía es pensar en la compenetración como una pila de papeles sobre una mesa, en la que cada componente de la compenetración está representado por una hoja de papel. Una hoja de papel por sí sola es muy endeble y no es sólida. Podrías soplar sobre el papel y esta se movería. Imagina que conoces a alguien por primera vez y descubres que es de tu misma ciudad. Esto representaría una sola capa de relación o una hoja de papel en nuestra analogía. Luego te enteras de que fueron al mismo colegio. Esto representa otra capa u hoja de papel en nuestra analogía. Descubres que tienen aficiones e inclinaciones políticas similares.

Estas cosas adicionales en común representan capas adicionales de relación, al igual que añadir más hojas de papel al montón. Cuantas más hojas se añaden a ese montón, más fuerte se hace. Lo mismo ocurre con la compenetración y yo lo llamo estratificación. Al igual que la montaña de papel se fortalece, también lo hace el nivel de compenetración.

Me gusta considerar cuatro tipos de compenetración.

1. Compenetración de Contenido.
2. Compenetración Sin Contenido o Compenetración Física.
3. Compenetración Secreta.
4. Compenetración de Tiempo.

## Compenetración de Contenido

La compenetración de contenido incluye las cosas que tenemos en común. Esto incluye intereses, antecedentes, ciudad natal, experiencias de vida, etc. Aquí buscamos parecernos lo más posible a la otra persona con la que hablamos. En las conversaciones, buscamos las áreas comunes y no las áreas diferentes. Busca áreas de similitud como los gustos musicales, las aficiones y los lugares de origen, las películas, el deporte y la comida. Un consejo útil es que si descubres y compartes un interés inusual, esto crea una gran relación. Por ejemplo, si coleccionas latas de cerveza o corchos y alguien tiene el mismo interés que tú, esto creará una gran relación.

Evita siempre las áreas de conflicto. Por ejemplo, si descubres que la persona tiene unas convicciones políticas que no coinciden con las tuyas, evita ese tema y cámbialo. Céntrate en lo que tienes en común, busca más y evita lo que no tienes en común. Hay que utilizar técnicas de interrogatorio correctas para obtener esta información. Éstas se amplían en la sección sobre el interrogatorio.

## Compenetración Física

Con la compenetración física, buscamos parecernos lo más posible a otras personas en la forma en que se mueven, hablan y miran. Hay muchos factores en juego cuando se trata de construir una compenetración física y lo que necesitamos es un método que facilite las cosas.

Hay dos métodos, uno es inconsciente y el otro es un enfoque consciente. Cuanto más nos parezcamos físicamente a alguien, más compenetración tendremos con él o ella.

## Reflejar y Emparejar

Hay muchas maneras de reflejar y emparejar. Podemos igualar el lenguaje corporal, la voz (el tono, el ritmo, el volumen y la elección de las palabras) junto con la respiración y el parpadeo. En esta sección, nos centraremos en el reflejo físico y vocal.

## Reflejo Físico

Una de las formas más rápidas de establecer una relación con alguien es adoptar un lenguaje corporal similar. Las personas que se compenetran tienen un lenguaje corporal similar al de los demás. Podemos comprobarlo en situaciones sociales y observando a la gente en restaurantes, bares y cafeterías. Es como una danza y se realiza a un nivel inconsciente.

Una vez que seas consciente de eso, empezarás a notar cómo las personas se inclinan unas hacia otras, adoptan posturas corporales similares y se reflejan entre sí. Cuando las personas descubren y toman conciencia por primera vez del reflejarse, suele ser una gran revelación.

Hay tres métodos para hacerlo.

1. Reflejar.
2. Emparejar.
3. Emparejamiento Cruzado.

## Reflejar

El reflejar consiste en copiar el lenguaje corporal de alguien como si nos miráramos en un espejo. Si alguien levanta la mano derecha, para reflejarlo, nosotros levantaríamos la izquierda. El reflejarse es muy común tanto en situaciones sociales como en las de negocios cuando existe una buena relación.

## Emparejar

El emparejar es una forma de reflejo que se hace como si se estuviera detrás de alguien en lugar de enfrentarse a él. Al emparejarse con alguien, si su mano derecha está levantada, nuestra mano derecha también se levantará. Yo prefiero utilizar el reflejo, ya que se produce de forma natural e inconsciente, pero el emparejamiento también funciona.

## Emparejamiento Cruzado

Con el emparejamiento cruzado, el lenguaje corporal no se corresponde directamente, sino de forma encubierta. Por ejemplo, si la otra persona mueve el pie hacia arriba y hacia abajo, nosotros levantamos el dedo hacia arriba y hacia abajo al mismo ritmo.

## Palabras de Precaución

Cuando las personas descubren por primera vez y se dan cuenta de las acciones de reflejarse y emparejarse, se dividen en dos grupos. El primer grupo piensa que no podría utilizarlos porque la gente me va a descubrir. Se sienten incómodos y autoconscientes y son reacios a hacerlo. El segundo grupo los adopta literalmente. Piensan que han descubierto la panacea y deciden copiar todos los movimientos de alguien, con lo que dan la impresión de ser falsos.

Vamos a tratar estos puntos. Ya reflejamos a otras personas. Es un proceso natural, pero a menudo no somos conscientes de eso. La mayor parte del tiempo, esto está fuera de nuestra conciencia. La mejor manera de empezar a reflejar a alguien es tener un auténtico deseo de conocerlo. A medida que se desarrolle la relación, se producirá el reflejo automático. Sin embargo, para ayudar a iniciar el proceso, la mejor manera de practicar es en una situación social para satisfacer tu mente crítica de que funciona. Después, cuando te sientas cómodo con eso, podrás incorporarlo al entorno empresarial.

Cuando descubrí por primera vez la idea del reflejarse, era escéptico y me preguntaba si funcionaría. Una vez estaba en un bar con un cliente y me di cuenta de que ambos estábamos apoyados en la barra. Estábamos uno frente al otro con nuestros cuerpos ligeramente inclinados hacia la barra. Me di cuenta de que ambos nos estábamos reflejando y decidí probar el reflejo y aumenté el ángulo de mi cuerpo con respecto a la barra. Para mi sorpresa, la persona con la que estaba hablando, poco después, me copió. Como quería seguir probando, aumenté aún más el ángulo y, de nuevo, la otra persona me imitó. Me quedé sorprendido. Había funcionado exactamente como me habían dicho que lo haría.

## Utilizar el Reflejo

Cuando se acude a una reunión con un cliente o una clienta, una de las mejores y más rápidas formas de establecer una buena relación es reflejar la posición del cuerpo del cliente. Incluso caminando al mismo ritmo y con los pasos sincronizados se desarrolla la compenetración.

Empieza por copiar la forma en que alguien está sentado o de pie. La idea es copiar sutilmente el lenguaje corporal. Si alguien empieza a rascarse la cabeza de repente, la idea es no empezar a rascarse inmediatamente. Si estás hablando con alguien y cambia la posición de su cuerpo inclinándose hacia atrás, una buena regla es esperar seis segundos antes de cambiar tu posición corporal para reflejarla o igualarla. Esto será lo suficientemente sutil como para no parecer torpe.

A medida que vayas mejorando, te darás cuenta de que lo haces con facilidad. Empezará a fluir de forma mucho más natural y se convertirá en una respuesta inconsciente. En el capítulo 15 exploraremos más las pistas no verbales.

## Reflejo Vocal

Además de reflejar físicamente a las personas, también es posible reflejarlas auditivamente. Cuando la gente habla, muchos tienen sus palabras favoritas. Se trata de palabras que utilizan casi como un eslogan. Si las captas y se las reflejas, se crea una buena relación. En el capítulo 3 ya hablamos de la "técnica del eco", que es un método excelente para reflejar la voz. Además de reflejar las palabras reales, es posible reflejar la forma en que la gente habla. ¿Has cambiado alguna vez tu acento o tu forma de hablar cuando estás en compañía de otras personas? Si es así, se trata de una forma de reflejo. Cuando la gente habla, el volumen, el ritmo, el tono, el timbre, la expresión y la emoción se transmiten en su voz. Es importante prestar atención al volumen, el ritmo y la expresión emocional y reflejarlos.

## Compenetración Secreta

Una forma muy poderosa de establecer una compenetración y confianza con alguien es compartir un secreto. No estoy abogando por qué compartas secretos de la empresa, pero puede que haya alguna que otra información que puedas compartir. Compartir un secreto a menudo hará que la gente se incline hacia delante al despertar su curiosidad.

El riesgo para la reputación es importante, así que decir falsedades o inventar cosas no te harán ningún bien ni con la relación ni con tu reputación. Si hay información que puedas compartir con el cliente, que no sea perjudicial para tu empresa, compartirla creará relación y confianza. Siempre vale la pena comprobar con tu empresa para estar seguro que ésta no se opondría. A nivel personal, compartir un secreto personal es muy poderoso para ganarse la confianza y hacerse amigo de la gente.

## Compenetración Rápida

La mejor manera de ilustrar la compenetración rápida es utilizando un ejemplo. ¿Alguna vez has conocido a alguien, has congeniado con él y le has dicho que tenemos que quedar para tomar un café o una copa en algún momento? La otra persona está de acuerdo y realmente tiene ganas de hacerlo. El tiempo pasa y el recuerdo de esa persona se desvanece y empieza a ser un poco incómodo ponerse en contacto. Cuanto más tiempo lo dejemos, peor será. Lo mismo ocurre con las citas. El siguiente encuentro debe tener lugar, bastante poco tiempo después, para seguir desarrollando la relación.

Lo comparo con las semillas de un jardín. Si se plantan semillas, puede que algunas crezcan. Sin embargo, es más que probable que tengas que cuidar las semillas para asegurarte de que no las dañen las heladas o se las coman los pájaros. También hay que asegurarse de que las semillas reciban la cantidad correcta de agua y que se mantenga la temperatura adecuada. Hay mucho trabajo en las primeras etapas para asegurarse de que sobreviven. Luego, cuando la semilla se convierte en planta, sólo hay que podar de vez en cuando. Piensa en alguien a quien conoces desde hace muchos años. No hace falta que lo veas siempre para que la relación continúe. Eso es porque, en primer lugar, has echado raíces profundas con ellos. Otra cosa que hay que tener en cuenta es que las personas establecen sus relaciones basándose en intereses comunes. En cuanto esos intereses empiezan a diferir o se alejan, la relación puede romperse. Es posible que hayas oído la frase "crecer por separado".

## El Gran Secreto

El método más efectivo para construir una relación y el más natural es desarrollar un profundo y fuerte deseo de conocer y construir una relación con otra persona. Esto se basa en entrar en el estado correcto y permitir que la mente inconsciente haga su magia.

Cuando se utiliza este método, no basta con ser amable y esperar que se produzca la compenetración. Debe haber un fuerte deseo de conocer a la persona. Esto empieza por cambiar tu estado. Al hacer esto, se mostrarán todas las señales de querer desarrollar compenetración. Parecerás congruente y todo esto se hace a nivel inconsciente. Si las intenciones y los pensamientos son correctos, entonces las palabras y todos los aspectos de tu voz, por lo tanto tu lenguaje corporal lo reflejarán.

Este es mi método preferido y, en mi opinión, el más poderoso. También es importante estar familiarizado con la compenetración consciente para detectar cuándo está presente y cuándo se ha roto.

# CAPÍTULO 7

# Cómo Agradarle A La Gente

*"Un gran hombre muestra su grandeza por la forma en que trata a los hombres pequeños".*

*Thomas Carlyle*

Agradarle a la gente es otra parte de la estrategia. Muchas personas deciden si les gustamos o no en los primeros segundos. Se ha llevado a cabo una investigación con personas que realizaban entrevistas de trabajo. Se les pidió que en el primer minuto escribieran lo que pensaban del candidato al puesto. A continuación, entrevistaron al candidato durante media hora y se les pidió que volvieran a escribir sus pensamientos. Lo que descubrieron fue que no habían cambiado de opinión.

Caer bien no es esencial a la hora de vender un producto o servicio, pero es mucho más agradable si la persona que está vendiendo cae bien. Si el producto o servicio es líder en el mercado, es único y lo quieres, entonces el vendedor es lo que menos importa. Sin embargo, la mayoría de las empresas no se encuentran en esta situación y, por lo tanto, el agrado se vuelve importante. La simpatía se vuelve más importante para una relación continua con un cliente. Al fin y al cabo, ¿quién quiere pasar tiempo con gente que no le gusta? Exploremos ahora los principios que mejor funcionan para conseguirlo.

## El Placer de Verte

Gran parte de lo que hacemos en la vida se basa en el modelado, es decir, en encontrar lo que funciona para otra persona y hacer lo mismo. La primera vez que me topé con el modelado fue en la escuela, sin quererlo. Recuerdo que había una persona que era muy popular y tenía muchos amigos. Esta persona siempre estaba en el centro de todo. Ya de joven me preguntaba cómo tenía tantos amigos y era tan influyente. Entonces caí en la cuenta. Siempre que se encontraba con otras personas, parecía estar encantado de verlas. No importaba de quién se tratara; a todos los saludaba de la misma manera. Es un buen hábito que hay que adoptar.

Piensa en lo emocionado que está un niño pequeño o en cómo reacciona tu perro al verte. ¿Qué tan bueno es cuando alguien está genuinamente complacido de verte?, ahora compáralo con la situación cuando alguien parece no importarle si estás o no estás.

## El Poder de la Sonrisa

El psicólogo Paul Ekman, en la década de 1980, se dio cuenta de que cuando estudiaba rostros que indicaban tristeza y angustia, después se sentía anímicamente fatal. Ekman y sus colegas monitorizaron el modo en que sus cuerpos cambiaban y encontraron marcadores que mostraban que las expresiones tristes cambiaban su sistema nervioso autónomo como si ellos mismos estuvieran realmente tristes.

## Sonreír Puede Levantar El Ánimo

Cuando sonreímos o cuando vemos a otra persona sonreír, nos sentimos más felices. El simple hecho de sonreír desencadena una actividad neurológica positiva que reduce el estrés y eleva el estado de ánimo. La dopamina aumenta nuestra sensación de felicidad y la liberación de serotonina reduce el estrés. Tener niveles bajos de serotonina se asocia con la depresión y la agresividad.

A nivel superficial, somos más propensos a corresponder a lo que vemos a nuestro alrededor y a reflejarlo internamente. El neurocientífico Marco Iacoboni explica que cuando vemos a la gente sonreír, nuestras neuronas espejo también se activan. Esto inicia una cascada de actividad neuronal que evoca el sentimiento que solemos asociar con una sonrisa. No tenemos que deducir lo que siente alguien; lo experimentamos, sólo que de forma más leve.

## Sonrisa Genuina

Los investigadores han descubierto que los humanos tienen una sonrisa falsa y otra real. La sonrisa real aparece principalmente por la acción de dos músculos: *el cigomático mayor*, que se extiende desde la comisura de la boca hasta el pómulo y, *el orbicular*, que rodea el ojo. Cuando estos dos músculos trabajan juntos, las comisuras de la boca se levantan y se produce una arruga alrededor de los bordes exteriores de los ojos, lo que provoca las patas de gallo. Es importante evitar una falsa sonrisa de negocios y asegurarse de que tu sonrisa es genuina y practicar si es necesario.

## Hacer Cumplidos Sinceros

A todo el mundo le gusta que le elogien. Piensa en la mirada de un niño pequeño cuando lo elogias. Compáralo con la reacción que se produce cuando alguien hace una crítica negativa. Muy pocas personas se molestan en hacer elogios en la vida cotidiana y, cuando lo hacen, suelen tomar a la gente por sorpresa. Hay una diferencia entre el elogio genuino y la adulación.

El elogio genuino es un reconocimiento de la apariencia, de algo logrado o de algo sobre alguien. Si se trata de algo que a alguien le gustaría que lo reconocieran, entonces se vuelve aún más poderoso. Todo el mundo tiene algo que se puede elogiar de forma genuina. Los cumplidos pueden incluir la elección de la ropa, el gusto por algo que se tiene o se ha hecho, la forma en que se ha pronunciado un discurso o quizás cómo se ha llevado una reunión.

Es importante que al hacer un cumplido seas congruente y parezca que te lo crees. Cuando la gente empieza a hacer cumplidos, suele sorprenderse de la reacción del receptor. En muchos casos, se iluminan como un árbol de Navidad. Basta con observar el lenguaje corporal de alguien después de hacer un cumplido para darse cuenta de cómo cambia todo su comportamiento.

## No Critiques

Así como a todo el mundo le gusta que le hagan un cumplido, a nadie le gusta que le critiquen. Aunque las críticas pueden ser tanto positivas como negativas, las primeras tienen una connotación negativa. Cuando se nos critica negativamente, la tendencia natural es defender nuestra posición. La gente siempre se resiste a que se cuestione lo que cree que es verdad y lo que piensa de sí misma. La realidad no es uniforme y es particular de cada persona, por lo que todos tenemos razón en nuestra mente. Comprender esto nos hace ver que no tiene mucho sentido entablar una discusión, ya que las personas se resisten a lo que se les dice y aceptan lo que concluyen. Discutir con alguien, con fuertes convicciones, es como decirle a alguien que la puerta es azul cuando él percibe que la puerta es verde. La visión es un buen ejemplo para mostrar la interpretación de la realidad porque las personas perciben los colores de forma diferente. Algunos hombres son daltónicos y una pequeña proporción de mujeres son tetracrómatas, ¡y pueden ver diferentes colores!

A veces se pide una respuesta genuina. He trabajado en grandes empresas en las que se puso de manifiesto que la organización no es una meritocracia y que no existe el monopolio de las ideas. Afirmaron que se fomentan las críticas y los comentarios genuinos, junto con una amplia variedad de opiniones. Esto significa a menudo: "¡Quiero que des opiniones y críticas genuinas siempre que sean idénticas a las mías!" Las personas que son conscientes del efecto de la crítica siempre tendrán cuidado en este punto.

Una técnica muy útil es el "sándwich de crítica". Consiste en destacar primero algo que la persona ha hecho muy bien o ha conseguido. Por lo general, se trata de algo que la persona probablemente sabe que ha hecho bien. En la segunda parte, pasamos a las críticas o áreas que debes mejorar. En esta sección, sustituye la palabra "y" por la palabra "pero". "Pero" actúa como una palabra de parada y descarta todo lo que le precede. La palabra "y" une dos conceptos y permite que fluyan. Observa la diferencia en las siguientes frases:

*"El concierto estuvo bien pero fue ruidoso".*
*"El concierto estuvo bien y fue ruidoso".*

Lo mejor es evitar las críticas siempre que sea posible y en su lugar centrarse en los aspectos positivos de lo que la persona hizo bien.

## No Te Quejes

Una de las reglas de oro es "no te quejes". A la gente no le interesa. Todos nos hemos cruzado con personas que, cuando se les pregunta cómo están, empiezan a enumerar una serie de problemas y esto puede dar la sensación de que se está minando nuestra energía. La norma social cuando se conoce a alguien es preguntar *"¿Cómo estás?"*. La respuesta suele ser inconsciente. *"Bien, gracias"*. No esperamos que la gente empiece a enumerar todos sus problemas uno por uno. Mucha gente tiene problemas y si alguien enumera uno en particular, está bien, siempre que sea breve, pero nadie quiere escuchar una lista. Cuando alguien pregunta cómo estás, es mejor centrarse en los aspectos positivos y ser breve. Esto es especialmente importante en las ventas. Una vez escuché a un vendedor enumerar todos los problemas que tenía con un cliente. Muchos de ellos estaban relacionados con la empresa a la que se suponía que representaban. Recuerda que la gente crea su realidad basándose en una impresión, así que adoptar este enfoque va a contribuir poco a mejorar el éxito.

## Ten Cuidado Cuando Seas Positivo

En la década de 1990, el desarrollo personal se hizo muy popular. Un tema particular en esa época era el poder del pensamiento positivo. Recuerdo estar en una reunión de ventas en la que se hablaba de esto y alguien dijo: "¡Eso nunca funcionará!" Todavía hoy me hace gracia su comentario.

Ser positivo es importante, pero no demasiado. Las personas demasiado positivas pueden resultar molestas. La razón es que a los demás rara vez les gusta escuchar a alguien en el que todo es perfecto en su vida porque se refleja en los aspectos de su propia vida que no lo son.

Ten en cuenta las diferencias culturales. Algunas culturas aprecian un enfoque más optimista, mientras que otras prefieren la discreción. Recuerdo a un vendedor de mucho éxito que decía "magnífico" a todo el mundo cada vez que le preguntaban cómo estaba. Esto carecía de autenticidad.

## Positivismo Medido

Es importante ser positivo y debe ser medido. Un consejo que puedes utilizar es lo que yo llamo "positivismo medido". Si alguien te pregunta cómo estás, admite algún problema o asunto menor antes de ser positivo.

*"¿Cómo te va?"*

*"Muy bien, gracias, el lanzamiento del nuevo producto fue lento al principio y estuve bajo presión, pero ahora que los clientes han visto los beneficios del nuevo sistema computarizado, los pedidos están llegando por montones".*

Esto mantiene las cosas realistas y más conversacionales. No digas que nadie compra tu producto, ¡nunca!

Un buen hábito que hay que adoptar inmediatamente es dejar de quejarse en todos los ámbitos de la vida. Una expresión que vale la pena adoptar es "no te quejes, no expliques".

## Haz Que La Otra Persona Se Sienta Importante

A todo el mundo le gusta sentirse importante y valorado. No importa el trabajo que hagas; a todo el mundo le gusta que se le reconozca. La gente no puede evitar sentirse identificada con las personas que les hacen sentir importantes. Referirse a lo que hace una persona y reconocer lo importante que es su papel transmite importancia a alguien. Una persona puede decir que su papel no es muy importante y que lo único que hace es asegurarse de que los pedidos salgan a tiempo. Reencuadrar esto cambia el significado. El simple hecho de comentar que su función parece importante porque si los pedidos llegaran tarde, esto tendría un efecto perjudicial en la rentabilidad de la empresa replantea la función. Desarrolla el hábito de hacer que la gente se sienta importante y tendrá un efecto dramático en la forma en que te consideran.

## Cómo Ganar una Discusión

La mejor manera de ganar una discusión es evitarla. En el apartado sobre cómo el cerebro crea la realidad, se explicó que cada persona tiene su propio mapa del mundo y, con él, su propia versión de la realidad. Una vez que nos damos cuenta, es fácil ver que no tiene mucho sentido discutir con alguien para convencerle de que tu mapa es mejor que el suyo.

La gente se resistirá a lo que se le diga y aceptará lo que concluya. Cuando veo a los políticos discutiendo, me río porque ambos tienen razón según su mapa de la realidad.

## Desarrollar y Mostrar un Interés Real por los Demás

El tema de conversación favorito de la mayoría de la gente es él mismo y muchos no escuchan lo que dicen los demás porque están demasiado ocupados pensando en qué decir a continuación. El simple hecho de mostrar interés y preguntar a alguien sobre sí mismo puede tener un efecto profundo. Cuanto más consigas que la gente hable de sí misma, más les vas a gustar. Esto no significa interrogar a alguien, sino desarrollar un interés genuino por saber más sobre ellos. El uso adecuado de las preguntas se trata más adelante en este libro. Un excelente resumen es: si quieres que te consideren interesante, entonces sé interesante.

## La Palabra Mágica

Hay una palabra mágica, una palabra que es tan poderosa que hace que la gente responda. Es una palabra que cuando la gente la oye, hace que todos nos sintamos bien. ¿Cuál es esta palabra mágica? Es nuestro nombre. La sola mención de nuestro nombre en una sala llena de gente nos hace girar al instante. Cuando se utiliza nuestro nombre en una conversación, nos hace sentir bien. Piensa en todos los monumentos, edificios y empresas que llevan el nombre de personas. Una coincidencia quizás, yo creo que no.

Hay un poder aún mayor que escuchar tu nombre; y es que alguien recuerde tu nombre y lo utilice. ¿Cuántas veces nos presentan a alguien e inmediatamente olvidamos su nombre? Las personas que pueden recordar los nombres de otras personas suelen ser percibidas como carismáticas y muy simpáticas. Lo que se necesita es un método que ayude a eso. Hay varios métodos de memoria, pero pueden ser bastante complicados y pueden requerir bastante práctica.

Una anécdota que todavía me hace gracia es la de un conocido con una memoria terrible o más bien con poca memoria, que decidió hacer algo al respecto. Compró un libro y me llamó entusiasmado, explicándome que había comprado un nuevo libro fantástico para mejorar la memoria. Estaba entusiasmado con él. Sentí curiosidad por saber más y le pregunté quién lo había escrito:

*"¡Eh, no lo recuerdo!"*

Algunos métodos de memoria pueden ser bastante complicados y requieren práctica. Un método sencillo puede facilitar las cosas. Aprendemos a través de la repetición y podemos recurrir a ella para recordar nombres. Cuando alguien diga su nombre por primera vez, repítelo inmediatamente con tu voz interna. Luego repite su nombre en voz alta con una inflexión al final de la frase, como si hicieras una pregunta. Termina diciendo "Encantado de conocerte" y luego repite su nombre.

Veamos un ejemplo. Supongamos que conozco a alguien y que se llama Mike. Normalmente tendemos la mano, nos presentamos y decimos nuestro nombre. En este caso, yo diría

*"Derek, encantado de conocerte".*

Entonces ellos dirán su nombre, por ejemplo,

*"Mike".*

En cuanto dice que se llama "Mike", repito,

*"Mike",* dentro de mi cabeza.

Luego le repito verbalmente su nombre con una inflexión, como si les hiciera una pregunta, y digo,

*"¿Mike?"*

Responderá: *"Sí"*

Entonces le digo: *"Encantado de conocerte, Mike".*

Esto nos da tiempo a haber escuchado y repetido su nombre cuatro veces.

La última capa que podemos añadir para ayudarnos a recordar es fijarnos en si su nombre nos recuerda a algo o a alguien. En este caso, podríamos imaginar un gran micrófono saliendo de la cabeza de Mike y crear una imagen ilógica y loca para recordarlo. Si no te viene nada a la cabeza, no te preocupes, esto es sólo un paso adicional.

## No Abuses del Nombre

Una palabra de precaución cuando se utiliza el nombre de alguien. El uso excesivo de un nombre puede tener un efecto negativo. Si se utiliza en exceso, empieza a ser más una molestia que un elemento de relación. Esto se asocia a menudo con el estereotipo del vendedor de alta presión que se da cuenta de la importancia del nombre de alguien y, sin embargo, no entiende la sutileza de su uso.

No existe una fórmula exacta sobre el número de veces que se debe utilizar el nombre de una persona en una conversación. Debe intercalarse con naturalidad. Pongamos un ejemplo de uso excesivo del nombre de alguien.

*"Es estupendo, David, que te interesen las antigüedades. Muchos de nuestros clientes han desarrollado un gran interés por el mercado de las antigüedades, David. Hay varias áreas que podríamos mirar, David. ¿Qué áreas son las más atractivas para ti?"*

Esto podría parecer que se utiliza el nombre de alguien con demasiada frecuencia. Práctica el uso del nombre de alguien en las conversaciones para establecer una compenetración y para alternar de forma natural.

## Evita Ser un Secuestrador

Una forma de destruir la compenetración y evitar caer bien es convertirse en un secuestrador de conversaciones. Se trata de personas que se incorporan a las conversaciones de otras personas sin ser invitadas y que enseguida empiezan a hacerse cargo de la conversación. Esto puede ocurrir tanto en un entorno social como en un entorno laboral. A menudo, esto adopta la forma de *"Sí y yo..."* y empiezan a hablar de sí mismos.

Hay que evitar la tendencia a apropiarse de las conversaciones de los demás a menos que se te invite a participar. Una agudización de la conciencia pronto te hará saber si has sido bienvenido.

## Cómo Tratar Con la Gente Que No Te Gusta

Siempre habrá personas en la vida que nos resulten menos simpáticas o con las que nos llevemos peor. Puede tratarse de personas cuyos valores o creencias se oponen a los nuestros o con las que hay pocos puntos en común. Hay que tener cuidado porque las señales no verbales se muestran y se captan de forma inconsciente.

Un método que me ha resultado útil es, en lugar de centrarse en las diferencias, centrarse en lo que nos gusta de ellos. Si te resulta difícil encontrar algo positivo en sus valores, examina su personalidad, algo que lleven puesto, algo conseguido o lo bien que llevan su negocio. Esto forma parte del reencuadre y, aunque la persona sigue siendo la misma, se la mira de una manera nueva.

.

# CAPÍTULO 8

# Diferentes Personalidades

*"La personalidad es como un cochero con dos caballos testarudos, cada uno de los cuales quiere ir en diferentes direcciones".*

*Martin Luther King, Jr.*

Los tipos de personalidad existen desde hace mucho tiempo. Hipócrates los llamó los cuatro temperamentos y estableció los cuatro arquetipos de la personalidad de las personas.

Esto ha evolucionado y, más recientemente, Myers-Briggs, como adaptación de la teoría de los tipos psicológicos elaborada por Carl Gustav Jung, ha elaborado 16 tipos de personalidad. Esto se basa en rellenar un cuestionario para identificar los diferentes tipos. Aunque esta información es útil, no resulta práctico entregar un cuestionario a un cliente o una clienta y pedirle que lo rellene. En su lugar, se necesita un método en el que podamos utilizar nuestra capacidad de observación y sensibilización.

# IDENTIFICAR UNA PERSONALIDAD

Mi método preferido es el modelo de Merrill-Wilson. Es sencillo de entender y rápido de identificar. Los cuatro tipos de personalidad son Conductor, Expresivo, Amable y Analítico.

Hay dos variables principales para identificar un tipo de personalidad. ¿Son mejores con los hechos y los datos o con las relaciones? ¿Son introvertidos (poca aserción) o extrovertidos (mucha aserción)?

A partir de esto, obtenemos cuatro tipos principales

**Conductor**

Basado en Hechos, Extrovertido, Alto Control Emocional.

**Analítico**

Basado en Hechos, Introvertido, Alto Control Emocional.

**Amable**

Basado en Relaciones, Introvertido, Bajo Control Emocional.

**Expresivo**

Basado en Relaciones, Extrovertido, Bajo Control Emocional.

Las personas se mueven entre estas casillas en diferentes situaciones y pueden ser cualquiera de las cuatro, pero tenderán a sentirse más cómodas en una de ellas. El arquetipo en el que se encuadran las personas es fácil de reconocer una vez que se sabe en qué hay que fijarse.

## Las Pistas

El primer paso es identificar si alguien es introvertido o extrovertido. Una vez hecho esto, presta atención a la calidez del saludo que recibe y esto te dará una indicación de si el pensamiento emocional influirá en las decisiones o no.

## Dominante – Aspirar a Tener Control

Las personas dominantes muestran control y poder. Suelen tener sus llamadas filtradas y no suelen saludar personalmente a la gente. Tienden a ser más formales en los negocios y suelen vestir de manera más formal. Suelen guardar los detalles personales. Suelen mostrar un apretón de manos firme, un contacto visual directo y un lenguaje corporal controlado con poco parpadeo. El lenguaje corporal refleja control y dominio, no se mueven mucho y cuando lo hacen es con un propósito. Suelen colocarse las manos en las caderas para hacerse más grandes, con posiciones corporales que incluyen estar erguidos para parecer más altos con la cabeza hacia atrás. No hablan mucho, les gusta ir al grano y no se dejan engañar. Son ordenados, organizados y piensan antes de hablar, aunque no temen desafiar o ser francos. Un dominante puede resultar bastante frío, conflictivo y discutidor. Les gustan los deportes de participación más que los de espectador; son lo que piensan que las reglas están hechas para que los demás las sigan. El mando es una obligación; y con frecuencia muestran un gran ego. Pueden parecer que no tienen empatía, impulsivos y competitivos. Los dominantes tienen una baja capacidad de atención y les molesta la lentitud en la toma de decisiones. La eficiencia es importante y odian perder el tiempo. Las decisiones se basan en hechos y no en emociones.

## Expresivo – Busca Hacerse Notar

Un expresivo suele ser cordial al saludar personalmente y le gusta mostrar a la gente la empresa y hará presentaciones a sus colegas. Muestran un apretón de manos entusiasta y son menos formales; son amables y cálidos pero no temen decir que no. Suelen vestir de forma extravagante y les encanta la emoción y la socialización. Muestran altos niveles de energía y tienen un contacto visual directo y frecuente, que no es una mirada fija. Les encantan las historias y compartirlas. Los expresivos son habladores, divertidos y suelen compartir todo lo que les ocurre en la vida, hablando alegremente de sus vacaciones e intereses. El tema de conversación suele cambiar rápidamente, ya que saltan entre los temas de conversación. Su voz es expresiva y hablan rápidamente con un alto índice de parpadeo. El lenguaje corporal de un expresivo incorpora mucho movimiento, incluyendo gestos con las manos. No se organizan bien y no son muy buenos en el seguimiento. La falta de disciplina en el uso del tiempo y el desorden en el escritorio son marcas de identidad. Les encantan los deportes para espectadores y suelen tener fotos de la familia en la pared. Las reglas son para interpretarlas. Tienen una baja capacidad de atención y les molesta el exceso de detalles y la lentitud en la toma de decisiones. Las decisiones se basan en la emoción.

## Amables – Pretenden Pasar Desapercibidos

Los amables son introvertidos. Su objetivo es agradar y no les gusta la confrontación, por lo que suelen ver las dos caras de la moneda. Saludan personalmente, suelen hablar en voz baja y tienen una voz cálida. Son agradables y fiables, muestran un suave apretón de manos. Son confiados y quieren que todos se lleven bien. Su lenguaje corporal refleja que son introvertidos y tienden a empequeñecerse manteniendo los brazos y las piernas bajo control y pegados al cuerpo. Los amables odian la confrontación y quieren que la gente se lleve bien. Les gusta la rutina y suelen vivir en la misma zona sin moverse. Lo importante son las relaciones, pero tardan en conocer y confiar en la gente. Establecen relaciones con el entorno y con las personas. La compra de autos y la presión asociada a ella es su peor pesadilla. Hay pocos en puestos de dirección. Por lo general, son felices pero les cuesta rechazar a la gente. Los amables hacen buenas amistades y saben escuchar con una gran capacidad de atención. Deben cumplir las normas, pero teniendo en cuenta a las personas. Suelen aceptar demasiado trabajo, ya que no saben decir que no. Son lentos en la toma de decisiones y desconfían de los que toman decisiones rápidas, por lo que pueden parecer indecisos.

## Analítico – Busca resolver las cosas

A los analíticos les encantan los datos, los detalles y las hojas de cálculo. Suelen caminar con la cabeza inclinada hacia delante. Son curiosos y les fascina el análisis. Suelen saludar con un suave apretón de manos y sin mucho contacto visual. Su voz puede carecer de expresión y puede sonar bastante mecánica y fría. Les encantan los detalles y nunca tienen suficiente información. Conocen los nombres de las calles, los números de las carreteras y de los vuelos, así como datos numéricos e históricos extraños. Pueden parecer fríos. Son muy precisos y citan cifras exactas. Suelen trabajar en una profesión analítica, como analista, contador o ingeniero. La estructura es importante y odian el caos. Los analíticos creen que las situaciones se pueden gestionar sólo con información. Son disciplinados con el tiempo y las cifras. Les encantan los procesos, la estructura y los procedimientos. Disfrutan de un proyecto bien estructurado. Suelen tener poca conciencia y les gustan los pasatiempos intelectuales, en los que el detalle es importante, incluidos las computadoras y la información relacionada con ellas. Deben seguir las reglas al pie de la letra. Tienen una gran capacidad de atención y desconfían de los que toman decisiones rápidas. Las decisiones se toman con datos.

## Cambios de Estilos

Recuerda adaptar tus estilos de presentación para que encajen con los distintos tipos de personalidad. Si eres un expresivo que interactúa con un analítico, reduce el entusiasmo y ralentiza tu discurso. Recuerda incluir muchos detalles. Espera una decisión lenta y que te pidan más información.

Si eres un amable que se presenta ante un dominante, evita demasiada palabrería, ve a la idea principal rápidamente y sé decisivo en tu recomendación. Demuestra lo que te conviene, de forma lógica y evita demasiados detalles.

Si eres un analítico que se presenta ante un dominante, recuerda ir al grano y hablar de la gran idea en general. Evita explicar los datos en detalle, pero resume la conclusión de los mismos y lo que significan. Espera una decisión rápida.

Si eres un dominante que se comunica con un expresivo, recuerda involucrarte en una pequeña charla y mostrar interés

| Tipo | Fortalezas | Debilidades |
|---|---|---|
| **Dominante** | Determinado<br>Decidido<br>Independiente | Falta de Empatía<br>Impaciente<br>Dominante |
| **Expresivo** | Comunicación<br>Entusiasta<br>Creativo | Desorganizado<br>Hablador<br>Trabajo sin terminar |
| **Amable** | Diplomático<br>Solidario<br>Leal | No es asertivo<br>Reactivo<br>Resistente al cambio |
| **Analítico** | Minucioso<br>Disciplinado<br>Estructurado | Rígido<br>Sin emociones<br>Perfeccionista |

Tabla 1

por ellos. Utiliza historias emocionantes para ilustrar el punto, espera tener que escuchar mucho y lleva la conversación de vuelta al tema. Añade entusiasmo a tu presentación, habla más rápido, relájate y déjate llevar.

Estas son generalizaciones y la gente mostrará algunos de los rasgos de carácter, pero no todos. La gente también se identificará con diferentes estilos en diferentes momentos. Sin embargo, tendrán una casilla con la que se identificarán más.

# PARTE DOS

# Métodos de Ventas Exitosas

# CAPÍTULO 9

# La Verdad Sobre las Ventas

*"Nuestra mayor debilidad reside en rendirnos. La forma más segura de tener éxito es siempre intentarlo sólo una vez más".*
*Thomas Edison*

Cuando se piensa en las ventas, muy a menudo puede tener connotaciones negativas. Con frecuencia nos vienen a la mente imágenes de personas prepotentes, más interesadas en vender un producto o servicio en lugar de que les interese satisfacer nuestras necesidades. Sin embargo, algunos vendedores pueden guiarnos sin esfuerzo hacia los productos y servicios de una manera no amenazante ni prepotente. Cuando esto ocurre, hace que el proceso sea más fácil, sencillo y cómodo.

# COMUNICADORES AVANZADOS

Las ventas no son más que una forma avanzada de comunicación. Cuanto más aguda sea la conciencia y las habilidades de comunicación, mejor será la persona para comunicarse y persuadir a los demás.

Algunas personas miran por encima del hombro a los vendedores, pero todo el mundo se dedica a las ventas. Si en un restaurante se le pregunta al camarero qué plato recomienda y éste nos orienta hacia un plato concreto, ¿eso no es vender? Si queremos que nuestros hijos se acuesten a la hora, hay que vender la idea. Si queremos convencer a nuestra pareja de ir de vacaciones a un destino concreto, hay que venderle la idea.

Mi opinión sobre las ventas es que si se recomienda un producto o servicio, debe ser en interés y beneficio de la otra persona. Si tratas de convencer a tu pareja de que vaya a unas vacaciones de escalada en roca y esa persona odia la escalada en roca, ¿sería justo?

Luego está la cuestión de si es ético vender algo que se sabe que no es lo mejor del mercado. Es una pregunta interesante. Rara vez hay un producto que sea mucho mejor que otro y al mismo precio. Si en una tienda de ropa ves una chaqueta que te gusta, no esperarías que te informaran de que al lado hay una chaqueta más económica y de mejor calidad.

El trabajo de un vendedor es recomendar entre la gama de ofertas que se ajusten a las necesidades del cliente. ¿Ha mejorado la persona por decidirse a utilizar su producto o servicio? Si es así, la necesidad ha sido satisfecha. No estás ofreciendo un servicio de comparación de precios.

Supongamos que vendes un seguro de vida y sabes que hay un seguro de vida más económico en otro sitio. ¿Se va a quejar la persona de que podría haberlo comprado más económico cuando se produzca el pago? Ayudaste a la persona y estarás ahí para ayudarles en el futuro, ¿qué precio se puede poner a esto?

## DIFERENTES TIPOS DE VENTAS

Hay muchos tipos de situaciones de venta. Veamos algunos de los diferentes tipos.

### B2C

B2C significa empresa a consumidor. En este tipo de situación, se habla directamente con el responsable de la toma de decisiones y es poco probable que exista un comité de decisión. El proceso de toma de decisiones suele ser más rápido y la relación menos formal.

### B2B

B2B significa empresa a empresa. Hay muchos tipos de escenarios de empresa a empresa. Cuando se trata de empresas más pequeñas, el proceso de toma de decisiones puede parecer menos estructurado, pero puede ser más rápido. Cuando se trata de empresas más grandes, las cosas avanzan pero muy lentamente. Sin embargo, es gratificante cuando se consigue el pedido.

El mayor reto en las ventas entre empresas es asegurarse de hablar con la persona correcta. Se trata de la persona que está en posición de decidir en última instancia. Es crucial entender el proceso de toma de decisiones y quién está involucrado.

## ¿Puedes Verlo, Sentirlo o Tocarlo?

Además de las diferentes relaciones de venta, también hay diferentes ofertas. Hay productos que podemos experimentar a través de nuestros cinco sentidos, que son ofertas tangibles. Entre ellos se encuentran los artículos de papelería, el vino, perfumes, las flores, la ropa, las propiedades o inmuebles, los autos, los barcos y muchos más. Pueden experimentarse a través de los sentidos primarios. Esto significa que el cliente puede ver realmente lo que va a comprar y le permite experimentarlo antes de la compra.

Los productos o servicios intangibles no pueden experimentarse en el punto de venta. Esto incluye una promesa de hacer u ofrecer algo en el futuro. No hay una experiencia externa inmediata del producto o servicio y los beneficios tienen que ser imaginados. Se trata de inversiones, seguros, programas de formación, publicidad y vacaciones. Esto significa que, al vender intangibles, hay que animar al cliente a interiorizar la experiencia e imaginar vívidamente los beneficios.

## Ventas "Me Too"

En este tipo de venta, el objetivo es sustituir lo que el cliente utiliza actualmente por nuestra oferta. Intentamos persuadir al cliente de que lo que tenemos es diferente o mejor que lo que él está utilizando actualmente. Esto puede tener un tiempo de espera más corto, ya que ya están utilizando el producto o servicio y ya han identificado la necesidad.

El reto al presentar esta solución es que el cliente puede ser fiel a una marca, persona o empresa concreta y la introducción de un nuevo producto o servicio puede encontrar resistencia.

## Cambio de Comportamiento

Este tipo de venta implica pedir al cliente que haga algo nuevo o que compre algo nuevo. Si es nuevo, querrá saber quién más lo compra. Este tipo de venta tiene un plazo más largo, ya que la gente es un animal de costumbres y prefiere comprar productos o servicios que han sido respaldados por otras personas.

La ventaja es que la competencia suele ser menor y no hay que lidiar con problemas de legado, personales, comerciales o de fidelidad a la marca.

## Venta Única

Se trata de una oportunidad de vender un solo producto con pocas posibilidades de repetir la venta a corto plazo. Este tipo de venta incluiría un doble acristalamiento, una propiedad o un inmueble.

## Repetición

Se trata de ventas repetidas o de gestión de cuentas. Este tipo de venta implica un conjunto de habilidades adicionales. Además de conseguir el cliente, hay que atenderlo y cuidarlo en el futuro. Esta función puede ser a menudo una función de gestión de cuentas. Cuantos más puntos de contacto se tengan con un cliente, más oportunidades tendrás de establecer una relación. Esto es importante para este tipo de relación.

# EMISORAS DE RADIO Y VERDADES

### ¿Qué Emisora de Radio Sintonizas?

Todo el mundo sintoniza la emisora de radio WIIFM. En otras palabras, "¿Qué hay para mí?". Si la solución no tiene un beneficio inmediato para la persona a la que te diriges, es poco probable que tenga resonancia.

### Las Cuatro Verdades Más Duras

Las cuatro verdades son:

1. El cliente no está interesado en ti o en tu producto, sino en lo que tú o ese producto pueden hacer por él.
2. La gente compra con emoción y justifica con lógica.
3. La gente compra lo que quiere en lugar de lo que necesita.
4. La gente responde mejor a que se le quite un dolor o se le resuelva un problema que a mejorar en algo.

Incluso las personas más altruistas siempre se miran a sí mismas en una fotografía de grupo, antes de mirar a los demás. Se puede establecer una relación con las personas si se tiene un deseo genuino de conocerlas, pero si no se tiene una solución para su dolor o algo que pueda ayudarles a conseguir algo, lo que se presente no tendrá el efecto deseado. Si sufrimos un dolor de espalda, lo que buscamos es aliviar el dolor. El producto no es importante. Queremos saber qué puede hacer el producto para aliviar el dolor.

A todos nos gusta pensar que somos lógicos. Sin embargo, muchas de las decisiones se toman a nivel emocional y se justifican con la lógica. Por ejemplo, ese deportivo rojo descapotable de dos puertas es práctico para ir de compras y llevar a los niños de un lado a otro, ¿verdad que no? ¿Y esos zapatos de tacón rojo? Son prácticos para pasear, ¿verdad que no? Entonces, ¿por qué hacemos esas compras? La respuesta es sencilla. Nos hacen sentir mejor, más exitosos y, en definitiva, más atractivos.

## Deseos y Necesidades

Nos centramos más en las cosas que queremos que en las que necesitamos. Esto se debe a que obtenemos más placer de algo deseado que de algo necesario. Imagina que puedes elegir entre unas vacaciones de ensueño o unas vacaciones y sustituir el sofá desgastado. Lo más probable es que ganen las vacaciones de tus sueños, a no ser que el sofá esté en tan mal estado que sea inservible.

Respondemos más a que nos resuelvan un problema que a ser mejores en algo, a menos que eso implique atraer a la gente. Tendrás más éxito si ayudas a alguien a superar su miedo a hablar en público que si intentas que sea un mejor orador.

## Balancear el Péndulo

Al igual que el vaso puede estar medio lleno o medio vacío, vivimos en un mundo de opuestos y la única razón por la que algo existe y se percibe es por su opuesto diametral. La luz no existiría si no hubiera oscuridad. Por lo tanto, el vaso puede describirse como medio vacío o medio lleno y ambos serían correctos.

La gente puede buscar razones para utilizar un producto o servicio o también para no hacerlo. Utilizando un péndulo como analogía, en las ventas, todo lo que intentamos es hacer oscilar el péndulo desde el cliente que busca razones para no utilizar, nuestro producto o servicio, hacia el que utiliza, nuestro producto o servicio.

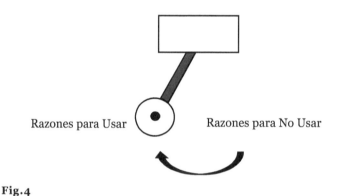

Razones para Usar    Razones para No Usar

**Fig.4**

## Establecer la Necesidad

Uno de los principios más importantes que hay que aprender es que la gente se resistirá a lo que le digas y aceptará lo que concluyas. Si yo te empujara o tirara de ti, habría una resistencia física natural a eso.

También existe el mismo principio cuando se dice o se obliga a alguien verbalmente. Es lo que yo llamo el principio "Jódete". Aunque sepas que la persona tiene razón, hay una parte de ti que dice "¡Jódete!". Se puede obligar a alguien a tomar una decisión aplicando presión, pero a menudo aparecen los remordimientos del comprador y la persona experimenta entonces resentimiento. Esto no contribuye a crear una relación duradera con un cliente o una clienta y, desde luego, no contribuye a crear una buena relación.

El mejor tipo de enfoque es el consultivo, en el que la persona te pregunta en última instancia qué debe hacer. No debe sentir que se le obliga a seguir una ruta o un camino concreto que va en interés del vendedor y en contra del suyo.

# NÚMEROS Y VALORES

## Los Números No Mienten

Los buenos vendedores llevan un registro de sus números. Entre ellos, el número de llamadas de ventas a citas que consiguen. Hay varias razones para eso. Muestra la eficacia, pero también puede servir de motivación.

Considera la posibilidad de realizar diez llamadas telefónicas. De esas diez llamadas, supongamos que hay dos personas maleducadas, cuatro que no están interesadas y cuatro que aceptarán una reunión. Si esta es la proporción, esto significa que si hay dos personas groseras para empezar, entonces estadísticamente, eso los deja a ellos fuera del camino para el resto de las diez llamadas.

## El Valor Mágico

Conocí el principio de Pareto al principio de mi carrera. El principio fue establecido en 1906 por el economista italiano Vilfredo Pareto, tras observar que el veinte por ciento de las vainas de guisantes de su jardín eran responsables del ochenta por ciento de los guisantes. Pareto extendió este principio a la macroeconomía y demostró que el ochenta por ciento de la riqueza en Italia era propiedad del veinte por ciento de la población. El principio establece que el ochenta por ciento de las consecuencias provienen del veinte por ciento de las causas. En otras palabras, el ochenta por ciento de los resultados provienen del veinte por ciento del esfuerzo.

En los años 40, el Dr. Joseph Juran aplicó la regla del 80/20 al control de calidad de la producción empresarial. Demostró que el ochenta por ciento de los defectos de los productos estaban causados por el veinte por ciento de los problemas en los métodos de producción. Al reducir el veinte por ciento de los problemas de producción, se podía mejorar la calidad general. Otros análisis han demostrado que:

- El 80% de las ganancias provienen del 20% de los clientes.
- El 80% de las ventas totales son generadas por el 20% de los representantes de ventas.
- El 80% de las ganancias totales son generadas por el 20% de los clientes.
- El 80% de las caídas de software son causadas por el 20% de los errores más reportados.
- El 20% de los pacientes representan el 80% del gasto sanitario.

La proporción no siempre es un reparto exacto de 80/20. Puede ser 70/30, 95/5 u otras combinaciones, pero la cuestión es identificar el desequilibrio y centrarse en él. Juan lo resume muy bien: "los pocos vitales y los muchos triviales".

## ¿Qué Significa Esto Para las Empresas?

Yo era escéptico de que esto fuera cierto en el sector en el que trabajaba en aquel momento. La empresa para la que trabajaba se dedicaba a vender productos de seguros de vida a corredores de seguros intermediarios. Ellos, a su vez, recomendaban esos productos a sus clientes.

Decidí analizar mis datos de ventas y me sorprendió mucho ver que más del 80% del negocio procedía de menos del 20% de las corredurías. También había una cola muy larga de pequeños partidarios. Cuando me pasé a la gestión de inversiones, el mismo principio también era válido.

Es muy tentador en las ventas pensar que todo lo que tenemos que hacer es conseguir que la larga cola de pequeños partidarios nos dé más negocio y lograremos un crecimiento de las ventas. Sin embargo, el principio 80/20 dice que no será así. A menudo podemos conseguir más negocio de nuestros seguidores clave junto con oportunidades de venta adicionales.

El principio también ayuda con los clientes difíciles o problemáticos. Esto se debe a que obtendremos el 80% de los problemas del 20% de nuestros clientes. He conocido empresas que se han deshecho de clientes problemáticos por el tiempo que suponía atenderlos. Se estaba convirtiendo en algo perjudicial para la empresa, por lo tanto se deshicieron de ellos. La eliminación de estos clientes permitió a la empresa centrarse en clientes más rentables y que requerían menos tiempo. Si uno de los clientes clave representa uno de los 20%

de los clientes que contribuyen al 80% de los ingresos, hay que evaluarlo y juzgarlo por separado.

El principio 80/20 es un gran principio rector y los vendedores experimentados se dan cuenta de que no se puede atraer a todo el mundo todo el tiempo. Una de las principales habilidades de venta es reducir la lista de clientes potenciales y objetivos a una lista más manejable y rentable.

## CAPÍTULO 10

# Prepararte Para el Éxito

*"Nunca debes ir a una reunión o hacer una llamada telefónica sin tener una idea clara de lo que quieres conseguir".*

*Steve Jobs*

Antes de ver las habilidades y estrategias, uno de los elementos clave de cualquier proceso de ventas es la preparación. La preparación suele ser la parte que no le gusta a la mayoría de los vendedores. La parte divertida es salir y ver a la gente.

## HACER EL TRABAJO DE CAMPO

### Prospección

Vale la pena dedicar tiempo a planificar e identificar a los clientes potenciales para garantizar que el tiempo se emplea de forma eficaz y no se pierde. Hay muchas formas de identificar clientes potenciales. Los datos del sector pueden ser un buen punto de partida, junto con los datos de tu empresa y tus conocimientos. Un método que funciona bien es la creación de conexiones. Si ya estás tratando con empresas de un mercado específico, simplemente pregunta a tus clientes a qué competidores calificaría. A menudo te darán información sobre a quién dirigirte. La mayoría de las veces, serán bastante serviciales y dirán: "Sólo menciona que te dije que le llamaras". Otro método que funciona bien es conocer a otros vendedores. Se trata de personas que tratan con las mismas empresas que tú quieres conocer, pero que suministran productos o servicios diferentes. Esto funciona especialmente bien si se trata de un mercado similar, en el que no son competidores directos. Por ejemplo, imagina que vendes productos de inversión a un asesor financiero. Si vendes un producto que invierte en Japón, conocer a otro vendedor que no tiene un producto que invierte en Japón permite el intercambio de información.

Una idea que funciona bien a la hora de desarrollar relaciones con los clientes es organizar un evento con otra empresa que no compita directamente en tu nicho. La idea es compartir el costo y la actividad promocional. El cliente obtiene dos ofertas presentadas a la vez, lo que te resulta más beneficioso en términos de tiempo.

Un método aún más radical es organizar un evento con algunos de tus competidores directos. Tus competidores pueden tener los mismos productos o servicios que tú, pero su oferta puede no ser la más fuerte. En este caso, pueden estar dispuestos a renunciar a la promoción en áreas que se solapan, para promover su oferta más fuerte.

Estos enfoques dependerán de tu sector. Sin embargo, vale la pena pensar de forma diferente, porque a medida que el tiempo se vuelve más limitado, escuchar a dos o tres empresas a la vez es mucho más eficiente en términos de tiempo para el cliente.

## Superar el Guardia de la Puerta

Cuando llega el momento de hacer las llamadas, suele ser mejor agruparlas y sentarse a hacer un número determinado de ellas de una sola vez. La más difícil es la primera llamada, así que tiene sentido tener en mente cuántas llamadas hay en un lote que vas a hacer y luego descansar.

Una habilidad clave que hay que perfeccionar es la de superar al portero. Muchas empresas tienen un recepcionista o un portero cuyo trabajo es filtrar las llamadas telefónicas. Si quieres concertar una reunión, es fundamental pasar por el portero para llegar a la persona que toma la decisión.

Las grandes empresas operan dentro de un horario de trabajo y, fuera de él, no contestan los teléfonos. Sin embargo, muchas empresas más pequeñas suelen responder al teléfono fuera del horario comercial y el propietario de la empresa o un miembro del personal superior suele atender la llamada directamente. Si no es posible llamar en horario comercial, intenta hacerlo a primera hora de la mañana o por la tarde.

Un buen recepcionista estará bien formado para hacer las preguntas adecuadas, pero muchos no lo están y esto representa una oportunidad. Lo primero que hay que hacer es asegurarse de que nuestro estado mental es correcto. Antes de hacer la llamada, debemos asumir que nos van a pasar y que sería extraño que el recepcionista no nos pasara.

La gente responde a la autoridad y a la confianza. Es importante que al hablar por teléfono demos muestras de confianza.

Una buena forma de transmitir confianza es asegurarse de que, al hablar, el tono baje al final de la frase, ya que esto se asocia a una orden. Si subes el tono al final de la frase, tienes que ser consciente de eso. Un tono ascendente se asocia a una pregunta y será interpretado como tal a nivel inconsciente y esto no contribuye a transmitir autoridad.

Un método que resulta útil cuando se llama por teléfono es preguntar por la persona por su primer nombre. Esto funciona bien, sobre todo en un negocio pequeño, donde sólo hay una persona con ese nombre. Gran parte de la interpretación que hacemos de nuestro mundo cotidiano se basa en presunciones y suposiciones. Preguntar por una persona por su primer nombre transmite la impresión de que la conocemos. Esto funciona siempre que la voz sea congruente. La respuesta típica es una de dos.

*"Sí, claro; o en un minuto, lo comunicó"*

Cuando oímos esto, es probable que nos pasen.

Si escuchamos "¿Quién llama?"

Entonces sabemos que es muy probable que nos pidan más información.

Hay que responder correctamente y mostrar confianza en este punto. Una forma eficaz de mostrar confianza es, en lugar de decir,

*"Mi nombre es...."*

Sustituirlo por,

*"Soy...",* y luego tu nombre.

Un método que resulta útil cuando alguien pregunta "¿Quién llama?" es dar simplemente tu nombre y no el de tu empresa. Esto lo aprendí al principio de mi carrera de ventas, cuando luchaba por superar a los recepcionistas. Recuerdo que estaba en una oficina esperando para reunirse con un cliente y oí a un recepcionista decirle a otro: "Sabes que estos vendedores son muy listos. Nunca mencionan la empresa para la que trabajan". Desde ese momento, lo he utilizado y me ha parecido muy eficaz. Funciona especialmente bien si se trata de un tipo de negocio en el que tratan con clientes individuales y no quieren parecer maleducados por teléfono. Pueden confundirte con un cliente.

Si crees que quieres dar el nombre de tu empresa además de tu nombre, simplemente di: "Soy Bill Smith, Director de Desarrollo", y a continuación el nombre de tu empresa. Esto funciona especialmente bien si tienes un buen cargo.

## ¿Y De Qué Compañía Llamas?

Un recepcionista entrenado suele preguntar, *"¿Y de qué compañía llamas?"* Si ha conocido a la persona antes, una frase útil es *"Está bien que sepa quién es"*. Una palabra de precaución aquí. Utiliza esta frase sólo si has conocido a la persona antes y es probable que se acuerde de ti. A menudo, un recepcionista dirá: *"¿Sabrá de qué se trata?"*. Una frase que funciona muy bien es utilizar la palabra *"necesito"* en lugar de *"me gustaría"*. Siempre es útil también contextualizar esta petición.

*"Necesito hablar con David para tratar temas de computación".*

Si te piden más información, puedes decir,

*"Tenemos un sistema muy inteligente que hemos comprobado que funciona excepcionalmente bien con empresas como la suya y que estoy seguro de que a David le interesará. Le permite ahorrar tiempo y dinero. Sólo necesito tres minutos de su tiempo y él puede decidir cómo quiere proceder".*

Otra frase que puedes utilizar es,

*"Es solo una llamada rápida de cortesía"* y luego tu motivo.

Si puedes poner en contexto el motivo de la llamada, esto puede facilitar las cosas. Si has conocido a la persona en una feria y te ha pedido que lo llames en algún momento, sólo tienes que decir,

*"He conocido a David en la feria y me ha pedido que lo llame".*

Un método eficaz es enviar a alguien una carta por adelantado. Es tan inusual en estos días de comunicación digital enviar una carta que crea una buena impresión y, en segundo lugar, te permite decir,

*"Llamo a David tras mi reciente carta".*

Esto suena más importante y a menudo permitirá que te comuniquen. Como consideramos que las cartas son más personales, es poco probable que el recepcionista pregunte por el contenido.

Gran parte de la comunicación tiene lugar a un nivel inconsciente y no son sólo las palabras, sino la entrega y la forma correcta lo que asegurará el éxito. Cuando hables con el/la recepcionista, intenta ser lo más vago posible. "Vagamente específico", como me gusta llamarlo.

## No Te Devolverán La Llamada

A menos que conozcas a la persona, no esperes que te devuelva la llamada y no le pidas que te llame. He comprobado que dejar un mensaje y pedir que me devuelva la llamada es un enfoque infructuoso. Al principio de mi carrera de ventas, me incorporé a una empresa y tenía una lista de empresas con las que contactar. Estaba sentado junto a un vendedor con más experiencia y empecé a repasar mi lista de clientes y a llamar a cada uno de ellos uno por uno. No conseguí contactar a ninguno, así que dejé un mensaje para que cada uno de ellos me devolviera la llamada. Al terminar, me senté con cara de satisfacción y el vendedor más experimentado me preguntó: *"¿Qué estás haciendo?"*. Le contesté que acababa de llamar a todos los de mi lista de clientes y que estaba esperando a que me devolvieran la llamada. Una sonrisa irónica apareció en su cara y, efectivamente, ninguno me devolvió la llamada.

Si el recepcionista dice: *"¿Le pido que le devuelva la llamada?"*, decir *"No"* puede sonar un poco brusco. He descubierto que un método que funciona bien es decir,

*"No pasa nada, yo también voy a estar al teléfono y acabaremos perdiéndonos. Lo intentaré más tarde. ¿Cuándo es el mejor momento para intentarlo?"*

Un método que se puede utilizar, si no se puede hablar con la persona tras repetidos intentos, es decir al recepcionista

*"Siento seguir molestándote. ¿Hay algún número de marcación directa con el que pueda contactar con David o tiene un número celular?"*

A menudo no dan estos números, pero a veces sí, y si no preguntas, no recibes.

## Él Está en una Reunión

Muchos de nosotros hemos tenido la experiencia de llamar repetidamente y que nos digan que la persona está en una reunión. Yo he tenido esa experiencia muchas veces y puede llegar a ser increíblemente frustrante. Sin embargo, muchas personas permiten que los guardias de seguridad o recepcionistas tengan acceso a sus agendas y que les reserven reuniones. Hacer la pregunta,

*"¿Tiene su propia agenda?"*

puede ahorrar horas y horas de teléfono. A menudo, dirán que la tengo delante. A veces, el recepcionista dirá que tendrá que consultarlo primero con la persona. Si esto ocurre, lo único que hay que decir es,

*"Qué bien, lo entiendo perfectamente. ¿Es posible apuntar el martes a las 3:00 y si es tan amable de confirmar si eso funciona, sería fantástico?"*

# ES EL MOMENTO DE HABLAR

## Una Vez Que Te Hayan Comunicado

Una vez que te hayan dado paso, asegúrate de tener los puntos escritos o un mapa mental de los puntos a tratar para ayudar a dirigir la conversación. Una técnica útil es seguir el ritmo de la persona y describir lo que debe sentir. Por ejemplo,

*"Sé que debes recibir muchas llamadas de gente que te hace perder el tiempo y a mí también me resulta frustrante. El objetivo de esta llamada no es hacerte perder el tiempo, sino mostrarte de forma muy breve y sencilla cómo podemos ahorrarte tiempo y dinero".*

Recuerda que cuando llamas por primera vez a alguien, el cerebro del receptor está en un ligero estado de confusión. Se pregunta por qué lo llamas. Cuanto antes se reduzca el nivel de confusión y se proporcione algo de contexto, antes se calmará el cerebro reptiliano. Si puedes contextualizar la llamada, eso ayuda. Incluso si sólo te has encontrado con ellos brevemente antes, está perfectamente bien decir,

*"Hola John, soy Bill Smith. Nos conocimos en una feria y mencionaste que nos pusiéramos en contacto contigo".*

Esto da contexto a la llamada. Oblígate a elevar tus niveles de energía y a ser alegre sin parecer falso. No les preguntes cómo les va hoy, ya que no te conocen y sólo quieren un contexto lo más rápido posible. ¡Hagas lo que hagas, no seas mecánico y no leas nunca un guión!

## ¿Cuál es el Objetivo Cuando Te Comunican?

Para muchas personas, el objetivo de la llamada telefónica es concertar una reunión con el cliente. Cuando te comunican, tienes que decir tu nombre, tu cargo y tu empresa. Hay que ir al grano rápidamente y explicar lo que se ofrece al cliente. Recuerda hacerlo con seguridad y con un tono que baje al final de la frase. Hay que despertar el interés de alguien sin dar detalles.

> *"Quiero hablarte de una forma única de manejar el marketing digital que no habrás visto antes. Si estás libre durante diez minutos, me gustaría ir y mostrarte cómo esto puede aumentar las ventas y los ingresos para ti y tu negocio..." ¿Cuándo sería más conveniente la próxima semana o la siguiente?*

Uno de los mayores errores que comete la gente cuando lo comunican es intentar concertar una reunión con el cliente inmediatamente. El cliente pregunta entonces: "¿Sobre qué quiere reunirse?". El vendedor empieza entonces a describir con todo lujo de detalles el producto o servicio. El cliente suele responder que ya ha escuchado lo que tenías que decir, que no hay necesidad de reunirse. La forma de evitarlo es ser ingeniosamente vago o "vagamente específico", como yo prefiero decir. La prueba social puede ser una ayuda en este sentido.

La prueba social es uno de los prejuicios que se han incorporado a los seres humanos y es útil incorporarlo cuando hablamos por primera vez con el cliente. Todos preferimos utilizar algo que otros han respaldado o nos ha gustado. Podríamos mencionar que tratamos con muchas empresas, *igual que las suyas*, o que las empresas, *igual que las suyas*, han mostrado el mayor interés en nuestro nuevo proceso. Otra descripción es que nuestro servicio está diseñado para agilizar y hacer más fácil y rentable la distribución de productos y que se está utilizando ampliamente en empresas *como la suya*. Entonces les preguntamos si estarían libres durante quince minutos, ya sea la semana que viene o la siguiente, para poder mostrarles cómo podría beneficiarles a ellos y a su negocio.

El cliente suele decir entonces: *"¿De qué se trata exactamente?"* Un vendedor inexperto describirá entonces todas las características del producto o servicio que tiene. No lo haga. Recuerda que, en esta fase, no estamos intentando vender la oferta, sino simplemente concertar una reunión para poder hablar de ella. Tenemos que ser vagos, pero aparentar ser específicos. Piensa en esto como si estuvieras pelando una cebolla. No queremos ir directamente al núcleo, sino ir quitando capas una a una. A continuación, queremos ser lo más vagos posible.

*"Es muy difícil describirlo por teléfono. Es un sistema único que ayuda a maximizar la distribución y minimizar los costos".*

En esta fase, el cliente habrá despertado su interés. Sin embargo, es posible que vuelva a pedir más detalles sobre la oferta. Ahora quitamos la segunda capa de la cebolla.

*"Se trata de un sistema que hemos desarrollado y que ha sido probado y utilizado por muchas otras empresas, como la tuya, para producir mejoras drásticas en la distribución, a la vez que se consiguen importantes ahorros de costos. Es difícil de describir por teléfono y es mucho más fácil mostrárselo cara a cara. ¿Cuándo estarías libre durante diez minutos la semana que viene, o la siguiente, para que pueda mostrarte cómo esto puede beneficiarte?"*

Es posible que el cliente vuelva y le pida que le envíe algo que pueda ver. Si lo piden, la mayoría de las veces es una cortina de humo. Me ha resultado útil decir,

*"Por supuesto, estaría encantado de enviarle la información, pero ya sabe lo que pasa cuando nos envían grandes documentos PDF por correo electrónico. Todos estamos ocupados y tardamos en leerlos. Si tienes 10 minutos libres, puedo repasarlo contigo tomando un café, si te viene mejor y así se ahorras tener que hojear un documento pdf de 40 páginas, algo que a nadie le gusta hacer".*

Estar preparado es importante porque esto es como una partida de póquer, donde lo último que hay que hacer es mostrar la mano demasiado pronto. Recuerda que esto es un juego de números y que no será posible conseguir una reunión con cada uno de los clientes con los que contactes. Si un cliente dice "no", no te preocupes. Se trata simplemente de uno de los clientes que no van a formar parte de tu lista 80/20. Anota las conversaciones, ya que así tendrás la oportunidad de volver a visitarlos si las cosas cambian y de identificar las objeciones comunes.

# TIEMPO DE VIAJE

## Planificación del Territorio

La planificación del territorio tiene tres aspectos.
1. Dirigirse a los clientes potenciales clave.
2. Atender a los clientes clave.
3. Gestionar el tiempo.

## Dirigirse a los Clientes Potenciales Clave

La primera tarea consiste en identificar y orientar a los clientes y prospectos clave y dividirlos en niveles. Nivel 1, Nivel 2, etc. Un método útil es anotar en una hoja de papel A4, en un cuaderno o en un formato electrónico todos los clientes con los que se quiere establecer contacto. Una vez establecido el contacto con ese cliente o empresa, tacha el nombre en la lista junto con una nota sobre el resultado. Al día siguiente, utiliza la misma lista hasta tachar todos los nombres de la misma.

## Gestionar el Tiempo

Empieza por concertar reuniones con los clientes clave de nivel uno. De este modo, los clientes clave podrán elegir las horas que más les convengan. Una vez que estos clientes estén ocupados, se pueden rellenar los huecos del día con clientes de nivel 2 o 3. A la hora de planificar las reuniones, es fácil evitar a los clientes que puedan parecer difíciles o con los que resulte complicado concertar una reunión y optar por los más fáciles.

Cuando viajes, prepárate y organízate lo mejor posible. Planificar con antelación permite organizar reuniones en la misma zona geográfica, lo que minimiza el tiempo de viaje. Con la experiencia, sabrás cuál es la duración ideal de una reunión. Para mí, era una hora; y era como una alarma incorporada que me avisaba de que era el momento de terminar la reunión. A menudo, una reunión se cancela o se adelanta. Aprovecha este tiempo extra para ponerte en contacto con los clientes y organizar reuniones para las próximas semanas.

Algunos clientes responden a los correos electrónicos de solicitud de reunión, mientras que otros los ignoran. El desarrollo de una relación más estrecha con los clientes permite otros métodos de comunicación, como el uso de mensajes de texto o las redes sociales. Recuerda que es lo que le conviene al cliente y no a ti. Cuando organices una reunión, asegúrate de avisar a las empresas con suficiente antelación y no pidas verlas a la semana siguiente.

A la hora de organizar reuniones, tiene sentido evitar desplazamientos largos para una sola reunión. Es posible que conozcas empresas que tienen fama de cancelar las reuniones con poca antelación. Intenta siempre citar a estas empresas a primera hora de la mañana o a última del día. Así se pueden modificar los planes de viaje y se minimizan los huecos en mitad del día.

Cuando un cliente acepte una reunión, confirma siempre la hora y el lugar.

*"Sólo para confirmar, la reunión es a las 10.00 de la mañana del 15 de mayo. ¿Puedo comprobar de nuevo su dirección?"*

Es sorprendente la cantidad de empresas que se mudan y no se actualiza la dirección. Algunas incluso tienen una dirección diferente, que puede ser su domicilio social.

Cuando viajes, envía un correo electrónico de recordatorio al cliente potencial o al cliente con unos días de antelación para recordarle la reunión. No hay nada más molesto que ser informado de que la persona no está hoy o que no te tienen en la agenda.

Hay una excepción a esto, cuando la reunión es con alguien que probablemente cancele en el último minuto. Enviar un correo electrónico con antelación les permite cancelar. Si simplemente se presenta como se ha acordado, a menudo te verán. No es aconsejable si se viaja mucho para una reunión.

Si te hacen esperar mucho tiempo, no permitas que te desvaloricen. Si el cliente no ha aparecido al cabo de diez minutos, comprueba con el recepcionista cuánto tiempo más va a tardar. Si todavía está en su reunión anterior, pregunta al recepcionista si tiene su agenda a mano y programa de nuevo la reunión, explicando que tú tienes otras reuniones a las que acudir. Utiliza tu criterio al hacer esto. A menudo, la persona ausente se pondrá en contacto después, se disculpará por no haber acudido a la reunión y la próxima vez estará más receptiva.

# CAPÍTULO 11

# Conocer y Saludar

*"Todas las personas que conocerás saben algo que tú no sabes".*

*Bill Nye*

Las costumbres varían en las distintas partes del mundo y sustituyen lo que es aceptable en su cultura particular. En la mayor parte de Europa, Estados Unidos, Canadá, Nueva Zelanda y Australia, el saludo aceptado es el apretón de manos. También es importante sonreír antes de dar un apretón de manos y mirar a alguien directamente a los ojos. Recuerda que estamos tratando de poner el mayor número de cosas a nuestro favor.

## HACERLO CORRECTAMENTE

El apretón de manos comercial correcto consiste en tener la mano en ángulo recto con el suelo. En otras palabras, extiende la mano delante de ti con los nudillos en el lado derecho y la palma en el lado izquierdo. Al estrechar la mano, asegúrate de tener un agarre firme. Esto no significa el agarre de un gorila, ni tampoco un agarre tan débil que parezca un pez mojado. La etiqueta de negocios aceptada es un apretón de manos firme que suele ser de arriba a abajo unas tres veces.

Sorprendentemente, muy pocas personas son conscientes del efecto de un apretón de manos adecuado. Muchos clientes tienen diferentes tipos de apretones de manos y, a partir de ahí, se puede conocer su personalidad. Vale la pena practicar el apretón de manos adecuado para los negocios hasta que se convierta en algo automático y no tengas que pensar en eso.

## Fallos Comunes en el Apretón de Manos

1. No apretar con suficiente firmeza.
2. Apretar con demasiada firmeza para intentar crear autoridad.
3. Un apretón de manos con "guante" de dos manos que suelen utilizar los políticos para crear calidez y confianza.
4. Un apretón de manos con los dedos. Se trata de estrechar los dedos en lugar de las manos.
5. El apretón de manos dominante, en el que el brazo está completamente extendido, con los nudillos hacia arriba y la palma hacia abajo y empujada hacia el individuo.
6. No mirar a la persona mientras se le da la mano.

Si te reúnes con colegas en un grupo, asegúrate de que cuando estreches la mano de la persona digas tu nombre y tu posición dentro de la empresa o tu función dentro de ella. Si te reúnes con la persona a solas, suele ir acompañado de

*"Es un placer conocerte"* o *"Es grandioso conocerte".*

Observa todo lo que hay a tu alrededor, ya que esto permite mantener una pequeña charla y hacer preguntas.

Durante la reunión inicial, hay mucho que medir y te juzgarán, al igual que a ti. Es importante controlar el entorno y no ser visto como un sumiso y sólo como un vendedor. Estás ahí para asistir a la persona con un problema y ayudarla a alcanzar sus objetivos o para que se sienta mejor consigo misma y con su negocio. Tu conducta, tu aspecto, tu forma de moverte, de hablar y de actuar, transmitirán si eres una persona con la que desean hacer negocios y tomarse en serio.

## ENTRAR EN LA SALA

Al entrar en una sala de reuniones, es aconsejable preguntar dónde quieren que te sientes o preguntar dónde se sienta normalmente el cliente.

Recuerdo haber ido a visitar a un cliente con el que me había reunido muchas veces anteriormente. En esta ocasión, me acompañaron algunos colegas. El cliente tenía una bonita oficina con un gran ventanal con una hermosa vista. Yo solía llevar a expertos de la empresa y, a cambio, ellos organizaban una reunión de grupo para hablar de nuestra oferta. Primero nos hacían pasar a la sala y había una gran mesa de juntas en el centro. La costumbre dictaba que nosotros ocupáramos el lado de la mesa que miraba hacia la ventana y fuera de ella; y que nuestro cliente se sentaría en el lado opuesto, de espaldas a la ventana.

En esta ocasión, tomamos el lado de la mesa que daba la espalda a la ventana, que normalmente sería el del cliente. En ese momento no nos dimos cuenta de que esto era inusual. Sin embargo, cuando entraron en la sala, parecían ligeramente confundidos y desorientados.

Siempre tratamos de poner todo a nuestro favor y, aunque esto pueda parecer sólo un punto menor, estos puntos menores pueden sumar. La gente se vuelve sorprendentemente posesiva con su silla, un lugar en un parque o la misma taquilla en el gimnasio.

A partir de ese momento, siempre que entro en el espacio de otra persona, le pregunto si tiene alguna preferencia en cuanto al lugar donde le gustaría sentarse.

## De Espaldas a la Pared

Muchos de nosotros ni siquiera pensamos en cuál es el mejor asiento para un cliente cuando vendemos o negociamos. Si se lleva a un cliente a comer o a tomar un café, siempre hay que permitirle sentarse de espaldas a la pared. La espalda es la única zona del cuerpo que no podemos proteger adecuadamente. La gente se sentirá inconscientemente un poco nerviosa y su ritmo cardíaco aumentará si su espalda está expuesta. Además, siempre hay que permitir que el cliente o la clienta vea dónde está la salida. Esto se reforzó en una conversación reciente con un cliente que admitió que siempre tiene que saber dónde está la salida o se siente incómodo.

Una forma de hacerlo es dirigir al cliente y decirle: *"¿Por qué no tomas este asiento?"*. Si tienes un asunto importante en el que deseas trabajar, reserva con antelación en el restaurante

143

y selecciona una mesa concreta. A menudo vale la pena conocer un restaurante para tener tu "mesa habitual".

Estos puntos pueden parecer menores, pero es importante poner todo lo que podamos a nuestro favor. Esto es importante a la hora de negociar.

## Pequeña Charla

Una vez en la sala de reuniones, normalmente se acepta que haya una pequeña charla o preámbulo. Es difícil dar una duración exacta para eso, ya que varía según las personas, los sectores, las regiones y las culturas. Aprender a agudizar las habilidades de conciencia permite detectar los signos de incomodidad. Una vez que se detecta esto, significa que la pequeña conversación ha terminado. Una señal de que la charla ha terminado es que las frases y las respuestas se hacen más cortas. Algunas personas quieren ir directamente al grano, mientras que para otras es imprescindible conocer a la gente.

## Acorralar

Recuerdo que hace algunos años, cuando era director de una compañía de seguros de vida y acababa de recibir una nueva oficina. La tendencia de la época era pasar de las mesas cuadradas a las redondas para evitar el "ellos y nosotros". Esto se consideraba más conciliador y menos conflictivo. Si es posible, cuando te reúnas con un cliente, intenta sentarte en ángulo recto con él y no directamente enfrente. Aquí es importante la capacidad de percepción. Si alguien está sentado en una mesa grande y te levantas repentinamente y te sientas al lado de su mesa, no serás apreciado y puedes ser considerado como invasivo.

Un método para permitirte acercarte al lado de la mesa es mostrar al cliente una ayuda visual o un gráfico. La forma de hacerlo es decir,

"¿Te importaría que me sentara por aquí, ya que es más fácil mostrarte este gráfico, ya que no soy muy bueno leyendo al revés?"

# CAPÍTULO 12

# Hacer las Preguntas Correctas

"Juzga a un hombre por sus preguntas más que por sus respuestas".

*Voltaire*

Todos experimentamos la realidad de forma diferente y esto se filtra a través de nuestros cinco sentidos, que nos dan nuestra visión muy personal e interpretación únicas del mundo que nos rodea.

La única manera de entender a los demás es haciendo preguntas. Esta es una de las mayores áreas en las que los vendedores inexpertos cometen errores y, sin embargo, es una de las más fáciles de corregir. Hay muchos tipos de preguntas que se pueden utilizar. En esta sección, las trataremos en detalle.

# TIEMPO DE PREGUNTAS

## Preguntas Abiertas

Las preguntas abiertas están diseñadas para obtener más información del cliente. Son preguntas que no pueden tener una respuesta de "sí" o "no". Kipling dijo,

*"Tengo seis honestos servidores (que me enseñaron todo lo que sabía); sus nombres son. Qué, Por qué y Cuándo y Cómo y Dónde y Quién".*

Estas palabras son poderosas, ya que permiten explorar el mapa de alguien para averiguar más información sobre él y su negocio. Todavía es posible obtener respuestas cortas, pero no la respuesta "Sí" o "No".

Ejemplo. *"¿Cómo se utilizan eficazmente las preguntas abiertas?"*

Una palabra de precaución es cuando se utiliza la pregunta "por qué". La pregunta "por qué" puede hacer que la gente se ponga a la defensiva porque estás cuestionando su criterio. También hace que justifiquen las razones de sus acciones y empiecen a revender a sí mismos el mismo elemento que estás cuestionando.

Ejemplo. *"¿Por qué has comprado ese auto?"*

## Preguntas Cerradas

Las preguntas cerradas son aquellas en las que la respuesta es sí o no. Estas preguntas no son buenas para obtener información, pero son muy útiles para aclarar lo que alguien está diciendo. También son útiles si quieres reducir las opciones a un sí o un no.

Ejemplo. *"¿Dijiste que era importante hacer preguntas cerradas?"*

## Preguntas Retóricas

Las preguntas retóricas son preguntas que no requieren una respuesta y suelen ser utilizadas por comunicadores profesionales, oradores y políticos. Suelen utilizarse en medio de una charla o si alguien está comenzando un discurso. Permiten formular una pregunta a la que se quiere dar respuesta.

Ejemplo. *"Ahora bien, ¿por qué querríamos utilizar preguntas retóricas? Esa es una excelente pregunta y voy a explicarte por qué debemos utilizarlas"*

## Preguntas Coletillas

Las preguntas coletillas son preguntas que suelen ir unidas al final de un enunciado para obtener una respuesta afirmativa o negativa. Las preguntas coletillas positivas son útiles como parte del *"conjunto de síes"*, que se analizará al final de esta sección. Las preguntas coletillas incluyen frases como *"¿no es así?"*, *"¿verdad?"*, *"¿cierto?"*, y *"¿no crees?"*

Las preguntas coletillas son útiles porque pueden hacer que la gente diga que sí.

Ejemplo.

*Aunque sepas que estoy utilizando una pregunta coletilla, es muy difícil resistirse, ¿verdad?*

## Preguntas de Orden

Las preguntas de orden son afirmaciones que suenan como preguntas. Pueden utilizarse de forma muy eficaz para que el interrogatorio suene más conversacional. Son órdenes que se añaden a las preguntas.

Las preguntas de orden son preguntas que suelen empezar con *"Dime"*, *"Muéstrame"*, *"Explícame"* y *"Déjame entender"*. Suelen ir seguidas de una pregunta abierta.

Ejemplo. *"Dime, ¿qué es lo que más te entusiasma del negocio al que te dedicas?"*.

Una palabra de precaución cuando se utilizan preguntas de orden. Al hablar, el énfasis está en la palabra de la pregunta abierta, "qué" y no en las palabras "dime". En el ejemplo anterior, las palabras *"dime"* se dirían bastante rápido, se haría una breve pausa y luego se pondría el énfasis en la segunda parte de la frase,

*"¿Qué es lo que más te entusiasma del negocio al que te dedicas?"*

## El Conjunto del Sí

Mi preferencia en las ventas es tener un auténtico deseo de conocer al cliente y ayudarlo con su o sus problemas. No me gustan mucho los métodos que son sólo técnicas y "vendedores". Dicho esto, hay un método que puede ser muy eficaz tanto para establecer una relación como para ser más conversacional. Añadiría una palabra de precaución con esto. Si se utiliza con moderación, puede ser muy eficaz y, si se sobre utiliza, puede destruir cualquier relación que se haya creado.

La técnica se llama *"conjunto de síes"*. Es una técnica clásica y el principio es que cuanto más a menudo se consiga que un cliente diga *"sí"*, más probable será que diga que sí a una venta. Puede ser una buena forma de establecer una relación y de conseguir que la mentalidad del cliente sea positiva.

Con frecuencia se empieza con una pregunta de tipo enunciado largo que está diseñada para obtener la respuesta afirmativa. A continuación, se hace otra pregunta y otra más. Por ejemplo.

*"¿Dirías que es importante elegir una empresa con buena reputación por ofrecer productos de calidad junto con un servicio de primera clase?"*

*"Sí"*

*"¿Sería justo decir que prefieres utilizar una empresa con unas finanzas sólidas?"*

*"Sí"*

En este ejemplo, el cliente dice que sí dos veces. A menos que se haga con habilidad, puede resultar un poco torpe.

## Coletilla de Sí

Una forma mejor de hacerlo es utilizar preguntas coletillas positivas. La clave es utilizarlas con sutileza, no abusar de ellas y evitar ser manipulador. Tomemos primero la afirmación

*"Si observas este gráfico, muestra lo fuerte que ha sido el rendimiento"*.

Esta es una afirmación bastante disociada, ya que el cliente no tiene que comprometerse mucho. Un simple cambio hace que el "conjunto de síes" se ponga en marcha.

*"Si observas este gráfico, puedes ver lo fuerte que ha sido el rendimiento, ¿no?"* o,

*"El rendimiento es importante, ¿no? Echa un vistazo a cómo se ha comportado nuestra inversión. Parece muy fuerte, ¿verdad?"*

Cuando se utilizan preguntas coletillas, las personas procesan la información a un nivel inconsciente. A menudo responderán asintiendo con la cabeza o diciendo *"Sí"* sin darse cuenta.

Utilízalo cautelosamente y recuerda siempre que deseas conectar con el cliente y hacer lo mejor para él. No queremos parecer manipuladores. Al fin y al cabo, todos queremos una situación en la que todos salgamos ganando, *¿no es así?*

# SUAVIZADORES

## Suavizadores de Lenguaje

Los suavizadores del lenguaje son frases que pueden hacer que las preguntas parezcan más conversacionales y menos intrusivas. Al averiguar la información, no queremos que parezca un interrogatorio. Piensa en los suavizadores del lenguaje como si fueran papel de regalo. Visten la pregunta para que parezca más atractiva.

Robert Cialdini descubrió que las personas están más predispuestas a hacer algo si se les da una razón. Podemos utilizar este principio con los suavizadores del lenguaje. Si quisieras averiguar cuál es el mayor reto de alguien en su negocio, podrías simplemente preguntar,

*"¿Cuál es el mayor reto al que se enfrenta en su negocio?"*

No hay nada malo en hacer esta pregunta. El único problema es que es bastante directa y tiene poco contexto. Si se hacen demasiadas preguntas de este tipo, se convierte en un interrogatorio. Veamos cómo podemos suavizar esto.

A todos nos gusta el contexto. Alguna vez has tenido una conversación con alguien y ha empezado a hablar al azar de la nada. ¿Dan por sentado que conoces el contexto en el que están hablando? Es bastante molesto, ya que tratamos desesperadamente de encontrarle sentido a lo que está diciendo.

Una mejor manera de preguntar es utilizar un suavizador de lenguaje delante. Esto hace dos cosas

1.  Contextualiza la pregunta.

2.  Proporciona una razón para responder a la pregunta.

Un ejemplo de esto sería,

*"Para que pueda entender mejor su negocio, ¿cuál es el mayor reto al que te enfrentas en tu negocio en este momento con la distribución de productos?"*

## Sólo Presuponiendo

Una forma de suavizarlo aún más es mediante el uso de presuposiciones. Para que el oyente entienda la frase, se presupone parte de la afirmación y se presume que es cierta. Es más fácil ilustrar esto con un ejemplo.

*"Cuando compre este producto, es posible que decida actualizarlo"*

En esta frase, se presupone que se va a producir una compra. Lo que se cuestiona es si se va a producir o no una actualización.

Volvamos a nuestro ejemplo original y esta vez vamos a añadir la frase "podrías hacerme saber"

*Para que puedas entender mejor tu negocio, ¿podrías hacerme saber cuál es el mayor reto al que te enfrentas actualmente con la distribución de ventas?*

En esta frase se presupone que la persona va a responder a la pregunta. La atención se centra en si será capaz de decírtelo o no.

# SE TRATA DE PREGUNTAR

## Los Interrogadores

Los interrogadores hacen una pregunta tras otra sin ninguna referencia o enlace. En este caso no se hacen comentarios y sólo se hacen preguntas.

*"¿Dónde inviertes?*
*¿Qué tipo de fondos compras?*
*¿A quién recurres?"*

## Contestadores y Preguntadores

Los "Contestadores y Preguntadores" responden primero a la pregunta y luego la convierten en una pregunta. Un ejemplo sería,

*"Presumo que inviertes en Estados Unidos y Europa utilizando fondos de inversión, acciones directas y bonos, ¿es eso correcto?"*

## Preguntas y Respuestas

Los "Contestadores y Preguntadores" están estrechamente relacionados con lo anterior y son personas que hacen una pregunta y luego la responden ellos mismos. Un ejemplo es,

*"¿En qué tipo de inversiones inviertes, en bonos, en fondos de cobertura, en fondos de inversión, en renta variable, etc.?"*

## Pregunta, "Sí y Yo"

Los que usan el "Pregunta, Sí y Yo" hacen una pregunta e inmediatamente, al escuchar la respuesta, comienzan a hablar de sí mismos. Veamos un ejemplo.

Preguntador

*"¿Has invertido alguna vez en pequeñas empresas estadounidenses?"*

Cliente

*"Sí".*

Preguntador

*"Yo mismo he invertido en pequeñas empresas estadounidenses en el pasado. Tuve una experiencia muy buena. De hecho, la primera vez fue en los años 90 y fue con un corredor de bolsa, un amigo mío que me recomendó que este era el mercado en el que había que estar".*

Es probable que al cliente no le interese nada de esta información.

## El Preguntador Apologético

Las personas que piden disculpas carecen de confianza y se disculpan por hacer una pregunta. Hay una diferencia entre ser educado y no mostrar autoridad o dominio de la conversación.

Un ejemplo es,

> *"Si no es mucha molestia, no quiero que parezca que estoy preguntando algo fuera de lugar y si no te sientes cómodo contándome esta información, no pasa nada. ¿Sería posible, si no te importa, que me cuentes un poco sobre tu negocio?"*

## Los Que Interrumpen

Son personas que hacen una pregunta y luego, antes de que la respuesta por parte de la otra persona esté completa, interrumpen y hacen otra pregunta. A veces incluso interrumpen para volver a hablar de sí mismos.

Si alguien te ha hecho una pregunta y no te deja responder, sino que te interrumpe, es muy molesto. Un cliente puede aguantar una o dos interrupciones, pero si esto es continuo, empezará a molestarse. Aunque hay tres excepciones en las que una interrupción es aceptable.

1. Si se utiliza un término o una abreviatura con la que no estás familiarizado o que te confunde. Si, por ejemplo, se utiliza el acrónimo BDF y no sabes qué significa, basta con decir "¿BDF?" con un tono ascendente para que se aclare sin parecer intrusivo.
2. Si el cliente no para de hablar y se extiende sin pausa en el discurso.
3. Si el cliente se va por la tangente y es necesario volver a centrarse en el tema.

Hay que tener mucho cuidado al interrumpir, ya que a la gente no le gusta. Lo mejor es dejar que alguien termine su intervención y minimizar en lo posible las interrupciones.

# CAPÍTULO 13

# Detectives Y Embudos

*"La mayoría de la gente no escucha con la intención de entender; escucha con la intención de responder".*

*Stephen R. Covey*

Después de la reunión inicial, el saludos y la pequeña conversación, es el momento de averiguar más sobre los retos y aspiraciones del cliente. El objetivo de las preguntas es asegurarse de que el producto o servicio aborda un problema o proporciona una solución para el resultado deseado.

## EL EMBUDO DE VENTAS

El proceso de preguntas puede representarse mediante un embudo con la parte ancha en la parte superior y la parte estrecha en la inferior. Esto representa una gran metáfora. Imagina que el cliente tiene un secreto y, al igual que un detective, tienes que averiguar cuál es.

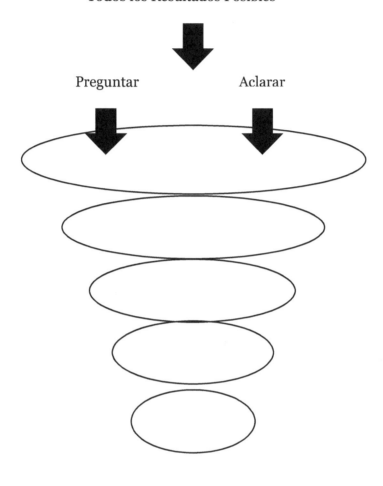

Todos los Resultados Posibles

Preguntar      Aclarar

Solución Ajustada
A Las Necesidades

**Fig.5**

Imagínate que todas las piezas de información se encuentran en la parte superior del embudo. Con las preguntas, se va reduciendo hasta que sólo cabe una pieza de información en la parte delgada del embudo. Al descender por el embudo, hay que aclarar de forma continua la comprensión. Esto se hace resumiendo la información y repitiéndola al cliente.

Es fácil suponer que hemos escuchado algo que no hemos escuchado. La gente no suele describir las cosas con claridad, lo que provoca un malentendido. Repetir periódicamente asegura la claridad de lo que se ha dicho y permite corregir cualquier malentendido. Al final del embudo, debe haber una comprensión y un acuerdo completos sobre la solución, el producto o el servicio que se ajusta a las necesidades del cliente.

## Bajando Por el Embudo

El primer paso es el uso de preguntas abiertas para averiguar el problema o la necesidad. Veamos como ejemplo la venta de fondos de inversión.

Un fondo de inversión es un producto de inversión que mantiene una cesta de acciones y/o bonos de diferentes empresas en nombre de un inversionista. Esto permite al inversionista tener una pequeña participación en muchas empresas, con lo que se reparte y reduce el riesgo. Cada fondo de inversión tiene un objetivo de inversión diferente y muchos invierten en países específicos.

Supongamos que nos reunimos con un cliente y queremos promocionar un fondo de inversión que invierte sólo en empresas estadounidenses. La pregunta inicial podría ser:

*"Para asegurarnos de que sólo hablamos de las áreas que te interesan, me pregunto si tendrías la bondad de exponer los tipos de productos de inversión que utilizas y recomiendas a tus clientes".*

El cliente responde y da un resumen completo de todos los tipos de productos que utiliza. Como parte de esa respuesta, el cliente menciona que utiliza fondos de inversión. A continuación, se utiliza una pregunta cerrada para averiguar y acotar si se utilizan fondos estadounidenses. La siguiente pregunta.

*"¿Utilizas fondos de inversión que solo invierten en Estados Unidos?"*

Vamos a suponer que el cliente lo confirma. Ahora tenemos algo de información, pero no estamos cerca del punto de presentación. Esto es sólo el principio del proceso. Aquí es donde muchos vendedores se equivocan y empiezan a presentar su producto demasiado pronto. Sin embargo, no tenemos suficiente información para empezar a pensar en la presentación. La siguiente pregunta es,

*"Es estupendo que utilicen fondos de inversión que invierten en Estados Unidos. Me pregunto si podrías exponer los principales criterios que buscas a la hora de seleccionar los fondos de inversión que invierten en los Estados Unidos".*

En este punto, el cliente enumerará los criterios de selección. Una vez recibida esta información, todavía no estamos preparados para empezar la presentación. Lo siguiente es repetir toda la información al cliente.

*"Sólo para estar seguro que lo he entendido bien, los principales criterios que buscas al seleccionar un fondo de inversión que invierta en Estados Unidos son....."*

Los criterios se enumeran de nuevo. El cliente confirma que esto es correcto y la siguiente pregunta es,

*"¿Hay algún otro criterio que busques al seleccionar un fondo de inversión que invierta en Estados Unidos?"*

En este punto, el cliente suele añadir algo más a la lista. Entonces volvemos a repetir la lista con los criterios completos y al final decimos,

*"Entonces, ¿no hay nada más que deba tenerse en cuenta a la hora de seleccionar un fondo de inversión que invierta en EE.UU.?"*

Durante el proceso de preguntas y mientras el cliente enumera todos los criterios, debes asegurarte de hacer una lista mental de los criterios y del grado en que tu producto o servicio coincide con los criterios que el cliente ha enumerado. Si se comprueba que el producto falla en uno o dos de los criterios, entonces hay que establecer si estos criterios son esenciales o si son un "sería bueno tenerlo". Una vez establecidos todos los criterios de compra del cliente, es el momento de pasar a la siguiente fase.

## Comprobación de la Competencia

En algún momento, habrá que establecer el proveedor actual del cliente. Es en este punto donde muchos vendedores cometen un gran error. En cuanto se menciona a la competencia, quieren informar inmediatamente al cliente de por qué su producto o servicio es mucho mejor que el de otros.

Esto es completamente erróneo y debes resistirte a toda costa. Para explicar por qué, debemos entender cómo piensa la gente.

## Empujar y Halar

Como ya hemos comentado anteriormente, si te empujo o halo de ti, habrá una resistencia natural. La resistencia no es sólo física. La gente siempre se resistirá a lo que se le diga y aceptará lo que concluya. Hay una excepción a esto y es que la mayoría de las personas están programadas para tener una deferencia hacia una autoridad superior. Esto significa que es más probable que acepten las sugerencias de personas con autoridad o de un experto.

## Se Calienta la Conversación

¿Has participado alguna vez en una discusión o un debate en el que tenías una opinión opuesta al punto de vista de otra persona? Puede que al principio fuera un desacuerdo menor. Luego, a medida que la discusión continuaba, la otra persona comenzó a forzar sus opiniones sobre ti. Aunque en un principio no tuvieras un sentimiento tan fuerte sobre el tema, el solo hecho de que alguien esté forzando sus opiniones hace que quieras resistirte a lo que está diciendo. Si esto continúa, se produce más resistencia y acabas defendiendo un punto de vista que inicialmente no era tan importante.

¿Qué ocurre aquí? Cuando alguien desafía las opiniones o pensamientos de otra persona, estamos asistiendo a un desafío a los criterios y valores de alguien. Cada uno de nosotros tiene sus opiniones y pensamientos, basados en sus propios criterios y valores, que se han establecido a lo largo de la vida. Filtramos nuestra realidad a través de nuestros cinco sentidos y nos formamos un mapa del mundo. Lo utilizamos para formar nuestra decisión. La gente se resistirá naturalmente a lo que le digas, sobre todo si intentas forzarla. A la gente rara vez le gusta que le digan lo que tiene que hacer. Cuanto más les obligues, como en el ejemplo imaginario en el que yo empujaba o halaba, más se resistirán.

## Felicita la Decisión

Algo que funciona muy bien es elogiar o felicitar a alguien por su elección de proveedor, producto o servicio. Esto da crédito al proceso de toma de decisiones y calma el cerebro reptiliano. Por ejemplo,

*"ABC es una empresa fantástica y tiene unos productos increíbles".*

Esto permite que el cliente sienta que se ha respetado su toma de decisiones. Una vez preparada la empresa, hay que saber algo sobre los competidores. Ahora tenemos que ir con cuidado al presentar nuestro producto o servicio.

## Prueba Final

Todavía hay que averiguar un poco más de información antes de llegar a la presentación de un producto o servicio. Tras felicitar al cliente por su elección de proveedor, lo último que queremos hacer es preguntarle por qué le gusta. Quizá recuerdes el apartado de preguntas sobre la importancia de ser cuidadoso con la pregunta "por qué". La razón es que, para que respondan a la pregunta, tienen que pensar en las razones por las que utilizan esa empresa en concreto. Esto da lugar a un proceso llamado revivificación, ya que revive el proceso de selección utilizado para elegir a esa empresa en primer lugar. Entonces empiezan a revender la oferta a sí mismos.

En su lugar, pregunta sutilmente: ¿hay algo que falte en el producto o servicio actual que está utilizando? Observa al cliente. Es posible que te cueste pensar en algo y que necesites alguna indicación. Sabiendo que tu producto es más económico que tu competidor, puedes preguntar si están satisfechos con el precio que pagan o si sabes que los niveles de servicio son un problema, puedes explorar los niveles de servicio.

Otra área a explorar es preguntar sobre algo que tu competidor no tiene y que tú sí. Supongamos que tu empresa tiene una aplicación que facilita la realización de pedidos y proporciona datos mientras están fuera de la oficina. También sabes que el competidor no ofrece esto. Preguntar inocentemente sobre su experiencia con la aplicación del competidor hace que el cliente mencione que no hay aplicación y que podemos explorar esto.

A veces, el cliente te dirá que está muy contento con su proveedor actual y que no hay problemas o mejoras que esté buscando. Si esto ocurre, sólo queda una estrategia que probar. Para que ésta sea eficaz, es imprescindible conocer el sector y la competencia. El objetivo es mostrar cómo tu producto o servicio puede encajar con su opción actual para mejorar lo que ofrecen actualmente. Es posible que consideren la posibilidad de incorporar tu oferta y asignar algún presupuesto a tu empresa. Este tipo de venta puede ser muy eficaz, sobre todo si has hecho tu investigación.

Los tipos de situaciones en las que este tipo de enfoque funcionaría son:

1. Cuando se pueda demostrar que la exposición a un solo proveedor añade riesgo.

2. Utilizar un producto de nicho que pueda establecer la relación antes de dirigirse al área de negocio más amplia.

3. Demostrar que la incorporación de tu producto y servicio, junto a los productos y servicios que utilizan actualmente, proporcionará a sus clientes una mejor experiencia.

Recuerda que es mejor tener algo de apoyo que no tener ninguno.

# APRENDER A ESCUCHAR

### Dos Oídos y Una Boca

Se ha dicho que tenemos dos oídos y una boca y que hay que utilizarlos en ese orden. Es un viejo refrán, pero es de gran utilidad recordarlo. Nuestros sentidos son bombardeados por datos todo el tiempo. Nuestro cerebro no puede procesar toda la información al mismo tiempo. Esto significa que a veces no escuchamos todo. Si estamos pensando en lo que vamos a decir a continuación, no podemos estar escuchando correctamente. Las habilidades de escucha y las técnicas de interrogación son el núcleo de las habilidades de venta excelentes, junto con la creencia, el control del estado, la compenetración y la conciencia (CCCC). Las habilidades de escucha tienen dos partes.

1. Escuchar lo que dice el cliente.
2. Parecer que estamos escuchando lo que dice el cliente.

Recuerdo que me pidieron que fuera juez en un concurso de ventas en la Universidad Napier de Edimburgo (Escocia). Observé que algunos de los competidores no hacían las preguntas adecuadas y otros no escuchaban bien las respuestas. Había una concentración en el interior, como si se estuviera pensando en lo que se va a decir a continuación.

## Escuchar Activamente

Una técnica que puedes utilizar es repetir con tu voz interna exactamente lo que el cliente te está diciendo. Esto requiere que prestes mucha atención. Puede ser bastante cansado y requiere práctica, pero desarrolla el hábito de la escucha activa. También es importante aparentar que se escucha.

## Cómo Parecer Que Estamos Escuchando

Hay tres cosas que transmiten la escucha. La primera de ellas es el contacto visual y mirar a alguien sin fijarse en él. A algunos les resulta incómodo mirar a los ojos de alguien. Algo que facilita esta tarea es elegir un punto entre los ojos y mirarlo. Esto es lo suficientemente cerca como para parecer que se mira a los ojos sin crear esa sensación de incomodidad. Es importante no mirar al cliente a los ojos. Recuerda apartar periódicamente la mirada del punto.

Una forma útil de mostrar que estás escuchando es inclinar la cabeza ligeramente hacia un lado. Esto no significa inclinarse a 45 grados, sino que basta con una ligera inclinación de la cabeza a unos 20 grados de la vertical. La inclinación de la cabeza es una respuesta inconsciente a la escucha y será interpretada como tal. Asiente periódicamente con la cabeza. Esto ocurre de forma natural e inconsciente y se interpretará como que estás escuchando y estás de acuerdo con lo que dicen.

# CAPÍTULO 14

# Es Hora de Presentar

"Puede que olviden lo que has dicho, pero nunca olvidarán cómo les has hecho sentir".

*Carl W. Buehner*

El momento ha llegado y es hora de presentar la solución. Antes de empezar, es fundamental que te consideren creíble.

## SER CREÍBLE

Una forma de establecer credibilidad es admitir inicialmente una pequeña debilidad en la oferta. La gente es desconfiada por naturaleza y espera que alguien diga lo maravilloso que es su producto o servicio. Se pondrán en guardia porque lo esperan.

Imagínate que se encuentran por primera vez y yo digo que soy bueno esquiando, jugando al fútbol, al tenis, escalando, montando en bicicleta y nadando. Suponiendo que todo esto sea cierto, que no lo es, para cuando haya pasado del fútbol y el tenis, tus sospechas se habrán despertado y pensarás que es poco probable que seas bueno en todas esas cosas. Esto crea dudas en tu mente y anula la posibilidad de que seas bueno en el esquí y en el fútbol. Si, por el contrario, admito que no soy especialmente bueno nadando, pero que mis verdaderos puntos fuertes son el esquí y el fútbol, es más probable que aceptes que puedo ser bueno en esos deportes.

Hay un dilema en juego. ¿Cómo podemos crear credibilidad pero también admitir alguna forma de debilidad? Hay una manera de hacerlo. Veamos un ejemplo de venta de un fondo de inversión que invierte en pequeñas empresas estadounidenses a un asesor financiero. La primera declaración establece la credibilidad.

*"Somos una empresa de gestión de inversiones premiada. Estamos especializados en invertir en empresas estadounidenses".*

Una vez establecida la credibilidad y el contexto, es el momento de crear algo de confianza admitiendo una pequeña debilidad irrelevante.

*"No pretendemos ser todo para todos. Tenemos otros productos de inversión, pero no me sentiría cómodo recomendándoles algunos de ellos, ya que no creo que sean nuestra oferta más fuerte. Sin embargo, una de nuestras ofertas más fuertes es el fondo que invierte en pequeñas empresas estadounidenses".*

Es importante ser sincero con los clientes. La credibilidad y la confianza son como la virginidad; sólo se pierden una vez.

# LOS VERDADEROS SECRETOS

Ahora sí entremos en el contenido. Cuidado con el vómito del producto. Esta frase la aprendí en uno de mis primeros cursos de formación sobre la venta a través de intermediarios. Creo que resume bien este error.

Muchos vendedores se entusiasman tanto con la oportunidad de promocionar su producto y servicio, que sienten la necesidad imperiosa de soltar todas las características de su producto lo antes posible. Esto se descarga sobre el cliente sin transmitirle ningún beneficio. Una característica es sólo eso y no transmite ningún beneficio al cliente. Es una declaración. El cliente no tiene que imaginar ni contextualizar nada.

## Una Frase Mágica

Hay una forma sencilla de convertir las características en beneficios y la aprendí en uno de mis primeros cursos de ventas hace más de treinta años. Se trata de una pequeña frase maravillosa que es: "lo que significa que". Esta frase es tan útil que se puede utilizar de forma individual y en grupo. Se trata de que, cada vez que se diga una característica de nuestro producto o servicio, simplemente se etiquete la frase, "lo que significa que".

Veamos un ejemplo e imaginemos que se describe una característica de un auto que es de "tracción en las cuatro ruedas". Esta es una característica y es sólo una afirmación. Pero si añadimos la frase antes mencionada. Este auto tiene tracción en las cuatro ruedas, lo que significa que, si la superficie de la carretera está cubierta de nieve o es resbaladiza, proporciona un agarre mucho mayor. "Lo que significa que", transmite la ventaja. Cuando decimos la frase "lo que significa que" y, luego describimos cómo se comportará el auto en la nieve y en una superficie resbaladiza, el cliente tiene que imaginarlo para darle sentido. Por lo tanto, el cliente está mucho más comprometido. Si esto se puede relacionar con los criterios y valores de alguien, mejor aún; supongamos que se trata de la "seguridad de la familia". Este auto tiene tracción en las cuatro ruedas, lo que significa que si la superficie de la carretera está cubierta de nieve y es resbaladiza, proporciona un agarre mucho mayor, lo que significa que tu familia y tú estarán más seguros.

Hay otra razón por la que esta frase es tan útil. Si se presenta a alguien, permite mostrar y explicar un nivel de conocimiento sin que parezca condescendiente, *"lo que significa que"* serás un mejor comunicador, ¿no es así?

## La Sala Secreta

Para que el impacto del principio de las características y los beneficios sea mayor, cuantos más sentidos de los clientes participen, más se identificarán con el beneficio asociado a esa característica. Algo que se imagina y experimenta vívidamente utiliza las mismas partes del cerebro para su procesamiento. En el caso de la mayoría de los productos y servicios, se trata de descripciones visuales y sensoriales, pero si el producto tiene un sonido o un olor únicos, también se pueden incorporar. Puede que el producto se centre en el sabor, pero también habrá otros componentes acompañando la experiencia.

Piensa en un auto. ¿Cómo se ve, huele, suena y se siente al conducirlo? ¿Cómo te hace sentir? ¿Cómo te hace ver a los demás y cómo afecta a la forma en que te ves a ti mismo? Cuanto más podamos crear un mapa interno detallado para el cliente, más se comprometerá.

# PODER DE LA PALABRA

## El Poder de las Palabras

Cuando escuchamos una palabra, tenemos que procesarla primero para descartarla. Por ejemplo, *"Hagas lo que hagas, no pienses en un elefante rosa"*. Primero tenemos que pensar en el elefante rosa para luego eliminarlo.

El cerebro no hace un lenguaje negativo. Primero interpreta algo y posteriormente lo borra. Gran parte de esto ocurre a nivel inconsciente y da pistas importantes para ayudar a describir algo a alguien. Es mejor comunicarse con un lenguaje positivo que con uno negativo.

*"¡Agárrate fuerte!" es mejor que "¡No te sueltes!"*
El lenguaje es increíblemente poderoso y es la forma en que sugerimos las cosas. Así es cómo transmitimos la realidad. Presta atención al efecto de la siguiente frase.

*"Mientras estás sentado ahí, mirando este libro, leyendo estas palabras, concéntrate realmente en estas palabras. Y a medida que sigas leyéndolas y te fijes en todas las letras, cuanto más intentes no pensar en eso, más notarás la creciente sensación de querer RASCARTE".*

Elige el lenguaje con cuidado. Cambiar las palabras puede hacer que tu descripción sea más vistosa. Por ejemplo, en lugar de decir,

*"Mientras caminábamos por la carretera", se puede sustituir por*

*"Mientras paseábamos por la carretera".*

La palabra "paseábamos" da una imagen diferente. Intenta utilizar un lenguaje más descriptivo al describir las cosas, para crear una experiencia más vívida. Es mejor utilizar palabras que tengan connotaciones positivas.

- *"¿Cuánto quieres pagar?"* es diferente a
- *"¿Cuánto quieres invertir?"*
- *"Cuando inviertes en la solución"* se siente mejor que
- *"Cuando compras el producto".*

# HORA DE UNA HISTORIA

## Quiero Contarte Una Historia

Hace mucho tiempo, trabajé para una empresa de inversión específicamente en fondos de inversión, gran parte de mi trabajo consistía en ser presentador. Estaba de pie presentando fondos de inversión frente a grupos de asesores financieros alrededor del país. Las presentaciones de fondos de inversión de aquella época tenían fama de ser excesivamente complicadas y de incorporar muchos datos. Incluso los mejores presentadores tenían dificultades para estimular al público, sobre todo cuando el material era pesado y a veces difícil de entender.

Imagínate la escena: una gran sala de un hotel, del tipo que se utiliza para pequeñas conferencias, con cincuenta asesores financieros de mediana edad, en su mayoría hombres. Los asientos estaban colocados al estilo de un teatro y la temperatura de la sala era ligeramente más cálida que confortable. Tras la introducción y la bienvenida, se expuso el objetivo de la presentación. Ahora era un reto hacer una presentación diseñada por otra persona. Al cabo de un rato, algunas personas del público empezaron a sentirse demasiado cómodas y estuvieron a punto de quedarse dormidas.

Sabía que era un presentador competente por los cientos de comentarios positivos que había recibido hasta entonces. Me preocupaba que algunas personas estuvieran perdiendo el hilo. Así que comencé a pensar en eso y me di cuenta de que las personas más interesantes y carismáticas eran las que tenían grandes historias que contar. Me pregunté si yo también podría incorporar historias. Me sentí aprensivo y esperé a mi siguiente presentación. Durante mi siguiente presentación, me di cuenta de que el interés del público empezaba a decaer. En ese momento, decidí introducir una historia. Fue casi mágico. En el momento en que empecé a utilizar las palabras mágicas, "Quiero contarles una historia" y comencé a contarla, sucedió algo mágico. Todos levantaron la cabeza y tuve toda su atención. En ese momento, no contaba con la investigación científica que respalda la narración de historias y su eficacia, pero sabía que cuanto más se incorporaba una historia y una metáfora, mayor era la capacidad de mantener la atención de alguien. No sabía que había descubierto lo que se conoce como interrupción de patrones, que es una ruptura de los patrones previstos por el cerebro.

## Una Charla Amistosa

Piensa en una reunión con amigos. No empezamos a relatar una serie de datos. Por ejemplo, imagina que nos encontramos y empiezo a contarte que el Monte Everest está a 8.850 metros (29.035 pies) sobre el nivel del mar. Luego continúo informándole de que Edimburgo, en Escocia, tiene un promedio de 28,7 pulgadas (73,0 cm) de precipitaciones anuales y que California tiene una temperatura promedio de 15,2 °C (59,4 °F). Te aburrirías rápidamente. Esto se debe a que no se requiere la imaginación para entender estos hechos. La gente no se comunica de esta manera cuando se reúne. Nos comunicamos con historias y compartimos experiencias. Estas historias pueden estar relacionadas con nuestra vida personal, con el trabajo o con algo interesante que nos haya ocurrido.

Estamos predispuestos a escuchar historias y las últimas investigaciones han demostrado que cuando se cuenta una historia, los cerebros del narrador y del oyente se sincronizan. Jonas Kaplan, profesor adjunto de psicología en la USC Dornsife, explica que uno de los mayores misterios de la neurociencia es cómo se crea el significado del mundo. Las historias son una parte fundamental y ayudan a crear ese significado.

## Representar el Personaje

La única manera de entender una historia es imaginar y representar uno mismo un personaje en esa historia. Para que la historia sea más poderosa, asegúrate de que la historia que utilizas es lo más relevante para una experiencia con la que la gente pueda relacionarse. Cuando utilices historias, evita ser demasiado específico. Por ejemplo, si se utiliza una historia de levantamiento de pesas para ilustrar un punto, la gran mayoría de la gente no se identificará con la historia. La historia, su contexto y los personajes deben ser algo con lo que la otra persona pueda identificarse.

Los buenos comunicadores y vendedores tienen un repertorio de buenas historias que pueden utilizar repetidamente para ilustrar diferentes puntos. Mantén un registro de buenas historias y vale la pena practicar la narración. Todos conocemos a personas que no saben contar historias. Por ejemplo,

"Estuve en Edimburgo el lunes pasado o fue el martes, a ver, debió ser el lunes porque estuve antes en el médico y luego conduje hasta la ciudad alrededor de las 11 de la mañana o fueron las 11.15". El detalle es irrelevante, es el mensaje lo que la gente busca.

# EL PATRÓN INTERRUMPE

## Hacer Algo Diferente

La gente tiene una capacidad de atención limitada. En los primeros cinco o diez minutos, sentirán curiosidad por ti y por lo que tienes que decir, mientras intentan entenderte. Después de este interés inicial, la capacidad de atención disminuye a medida que la gente se desconecta y entra en su propio mundo interior. Puede que se pregunten qué van a hacer el fin de semana, tal vez un partido de fútbol o una fiesta a la que van a asistir. En este punto, es necesario interrumpir el patrón. Esto interrumpe la predicción del cerebro sobre lo que va a ocurrir. Es un poco como cuando un ruido fuerte te asusta y te devuelve al aquí y al ahora. El entorno ha cambiado y con él nuestra atención.

Para que un patrón de interrupción funcione, se necesita algo diferente e inesperado para recuperar la atención. Las historias son interrupciones de patrones. Otro patrón de interrupción que funciona bien es hacer preguntas y utilizar ayudas visuales. Los choques también pueden servir para interrumpir un patrón. Hace años escuché la historia de un asesor financiero que, cuando vendía seguros de vida, tenía un poderoso método para replantear la importancia de los mismos para una familia. El esposo era el sostén de la familia y se ocupaba de las finanzas. Cuando se sentaba con el esposo y la esposa, decía,

"Trágicamente, tu esposo ha muerto en un accidente de tráfico".

"¿Qué pasa ahora con los niños?"

El esposo decía entonces,

"Tenemos que hablar con tu hermana a ....."

El asesor diría entonces.

"Lo siento, no podemos escucharla porque ya no está con nosotros".

Este no es un enfoque con el que todo el mundo se sentiría cómodo, pero la historia muestra el poder de un choque para hacer pensar a la gente.

## A Todo el Mundo le Gusta el Misterio

He asistido a muchas presentaciones a lo largo de mi carrera y me cuesta recordar muchas de ellas. Sin embargo, hay una presentación que destaca y de la que aún recuerdo parte de su contenido, que tuvo lugar hace casi 20 años. Era una presentación de economía.

Incluso recuerdo el nombre del presentador, Bell, que pronosticaba el precio del petróleo a 30 dólares el barril.

¿Por qué fue tan memorable esta presentación? Porque Bell había colocado una guitarra acústica en el lado derecho del escenario mientras lo mirábamos. Nada más al entrar en la sala, todos nos fijamos inmediatamente en la guitarra. El presentador había creado un misterio sin saberlo. La gente empezó a preguntarse por qué hay una guitarra en el escenario. ¿Se va a tocar y, si es así, cuándo? De vez en cuando, Bell se movía hacia el lado derecho del escenario, cerca de la guitarra. Cada vez que lo hacía, todo el mundo se preguntaba: "¿Va a tocarla ahora?". Esto ocurrió varias veces durante la presentación.

Al final de la presentación, dio las gracias a todos por haber venido y abandonó el escenario. Entonces nos fuimos, habiendo escuchado atentamente, con la esperanza de llegar al fondo de la guitarra misteriosa. Todavía el día de hoy sigo sin saber por qué la guitarra estaba allí, pero creó un evento memorable y diferente. Hay una lección que aprender de esto. Si se puede incorporar un misterio a una presentación, esto tiene el efecto de aumentar la capacidad de atención del oyente. Lo podemos ver en el material de marketing, donde se dice: "Si ves este vídeo hasta el final, compartiré contigo el mayor secreto". Cualquier forma de misterio que puedas crear o incorporar ganará la atención de la gente.

## No Demasiado Escandaloso

Cuando hacemos una presentación, ya sea individual o grupal, tenemos que ser lo suficientemente diferentes para que nos recuerden, pero no demasiado escandalosos para que no nos tomen en serio.

Esto explica por qué la gente se viste de forma ligeramente diferente. Por ejemplo, si eres hombre, puedes llevar una pajarita o un chaleco. Si eres mujer, puede que tengas un color o un aspecto particular asociado a ti.

Estamos acostumbrados a ver a las personas vestidas de una manera determinada y esto crea su imagen y su aspecto esperado. Cuando las vemos vestidas de forma diferente, parece que se altera nuestra percepción de ellas. La imagen es importante. Si se ve bien, se percibe bien.

# COMODIDAD DE LOS NÚMEROS

## La Comodidad de los Números

A la mayoría de la gente no le gusta ser la primera en probar algo nuevo, sobre todo si tiene que pagar por eso. Es reconfortante saber que otras personas han probado, hecho y encontrado algo útil y lo han disfrutado.

Yo tuve un trabajo de verano mientras era un estudiante. Trabajé en el concesionario local que vendía autos Nissan. El concesionario también tenía una franquicia de autos Hyundai. A finales de los años 80, Hyundai era una marca desconocida.

Los autos eran más económicos que el equivalente de Nissan y obtenías mucho más por tu dinero. Sin embargo, en aquella época, cuando se intentaba convencer a alguien de que comprara un auto Hyundai en lugar de un Nissan, había una resistencia natural. Esto se debía a que la gente no había oído hablar de Hyundai, lo cual es difícil de creer en los términos actuales. Los clientes buscaban la seguridad de que otros habían comprado el auto Hyundai y de que era confiable y de buena calidad.

Esto es lo que llamamos prueba social. Es la razón por la que, al comprar por Internet, lo primero que buscamos es una reseña o comentarios que dejaron otros compradores. Vi artículos listados en una gran plataforma de distribución que eran idénticos. Ambos habían sido fabricados en China y uno tenía un logotipo y el otro no. Uno tenía una bonita fotografía, con una vista de 360 grados, que había sido mejorada digitalmente. El otro producto utilizaba una fotografía tomada en una encimera de cocina. La otra gran diferencia que no mencioné fue que el producto con el logo y las bonitas fotos tenía miles de reseñas y, sin embargo, costaba casi el doble que el más barato, que apenas tenía reseñas. Cuando se presentan esos dos productos, la mayoría de la gente elige el más costoso, en gran medida por el número de reseñas positivas.

Lo mismo ocurre en las redes sociales. Cuantos más "me gusta" tenga un contenido, más probabilidades tendrá de ser visto. En el contexto de una presentación de ventas, cuantas más pruebas sociales se puedan incluir, mejor. Esto puede provenir de otras personas, empresas y personas influyentes. Si son nombres conocidos, mucho mejor.

# HACER QUE TU PRESENTACIÓN SEA CREÍBLE

La mayoría de los vendedores tienen algún tipo de presentación de ventas o material de apoyo. Sin embargo, debes tener en cuenta que tu cliente tendrá su antena de "mentiras" en alerta roja. Al fin y al cabo, es probable que se les muestre información, datos de rendimiento o una encuesta que muestre el producto o servicio de forma positiva.

Una forma de añadir credibilidad a una presentación es incorporar algunos artículos independientes que muestren el producto o servicio de forma positiva. Los testimonios de fuentes reales y respetadas ofrecen un gran peso a un producto o servicio. Recuerda que debes utilizarlos con moderación, ya que no estamos tratando de obligar al cliente a hacer algo. Simplemente queremos dar alguna forma de prueba social y permitirles que lleguen a la conclusión por sí mismos.

Al hacer la presentación, debes incorporar una declaración de credibilidad para empezar y luego una pequeña señal de debilidad para ganar confianza. Introduce los mensajes más importantes al principio y al final de la presentación. La gente recordará su primer día en la escuela o la universidad y el último. Recuerda utilizar preguntas coletillas, historias y metáforas al realizar la presentación. Las metáforas son muy útiles, ya que pueden pintar un cuadro.

Pensemos en hablar de la inversión en el mercado de valores, que, como todos sabemos, puede ser volátil. Supongamos que el producto de inversión es una oferta poco volátil. La simple afirmación de esto no transmite una imagen al cliente.

Es mejor utilizar una historia corta o una metáfora. En primer lugar, hay que afirmar que los mercados de valores pueden ser volátiles y que ofrecer algo menos volátil ha resultado muy popular entre muchos clientes. Utilicemos un ejemplo.

Imagina que navegas en el mar. Al igual que el mercado de valores, el mar puede ser impredecible, a veces con una calma total y otras veces muy agitado. Algunas personas disfrutan de la emoción y el desafío de un mar agitado. Otros prefieren la previsibilidad y la tranquilidad de un mar en calma. Una estrategia de inversión puede explicarse en estos términos. Nuestra oferta de inversión es de baja volatilidad y es un poco como salir a navegar en un mar en calma. No experimentarás la emoción de los altibajos de un mar turbulento, pero tampoco te marearás por la preocupación.

## Visualiza Esto

Cuando se presenta una solución, se quiere captar el mayor número posible de sentidos de los clientes. Dado que una gran parte del cerebro se encarga de procesar las imágenes, conviene incorporar imágenes o diagramas a la presentación. Una imagen dice más que mil palabras y, siempre que se utilice un libro de presentación o una presentación, debe contener imágenes en lugar de palabras, para enfatizar los puntos y minimizar el texto.

Utiliza siempre sólo viñetas y minimiza el texto siempre que sea posible. Si utilizas gráficos o tablas, hazlos sencillos. Es mucho mejor tener tres gráficos sencillos que uno que incorpore demasiados datos. Si detectamos que el cliente o la clienta se desconectan, basta con entregarles algo para que lo miren.

Nunca hay que dar a un cliente un folleto, una presentación o un libro de presentaciones al principio de la reunión, porque si lo abre y empieza a hojearlo, no te estarán escuchando.

## Aplicar el Subibaja

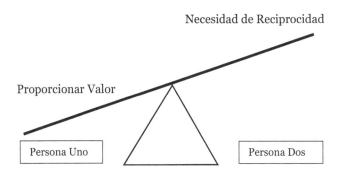

Fig.6

La ley de la reciprocidad es un prejuicio de comportamiento que está conectado. En pocas palabras, significa que, si alguien hace algo por nosotros, normalmente nos gusta devolver el favor.

Si alguna vez te invitan a cenar unos amigos, es posible que menciones casualmente que la próxima vez tienen que venir a la tuya. Pero supongamos que, antes de tener la oportunidad de invitarlos, te invitan a comer. En ese momento, te das cuenta de que te han invitado dos veces y no les has correspondido. El subibaja está desequilibrado y empieza a ser incómodo. A continuación, tus amigos te invitan a tomar una copa. O bien rechazas porque te sientes demasiado avergonzado o bien insistes en que vengan a la tuya. Habrá algunas personas que se aprovechen, pero para la mayoría de nosotros, queremos asegurarnos de que el subibaja vuelva a estar nivelado.

Podemos utilizar esto en nuestro enfoque de ventas. Si proporcionamos al cliente un gran servicio y mucho valor, esto se ve como una inclinación del subibaja y ellos querrán corresponder. Donde la mayoría de la gente se equivoca es en centrarse sólo en lo que puede ayudar al cliente en su vida comercial. Imagínate que has conocido a un cliente y has descubierto que es un apasionado de la comida. Basta con enviarles un correo electrónico después de la reunión diciendo,

*"Recuerdo que en nuestra reunión mencionaste que eras un amante de la comida. Sé de un gran restaurante que acabo de ver, que va a abrir en la zona. Tengo un vale para una botella de vino gratis. He adjuntado el vale y he pensado que podría interesarte".*

Esto funcionará de maravilla. El entretenimiento corporativo funciona de forma similar, pero se ha reducido en muchos países en los últimos años, debido a algunos de los excesos históricos. Si se hace con prudencia, sigue permitiendo que la gente se conozca.

## Escasez

El principio de escasez se ha utilizado mucho en las ventas y el marketing. Los vendedores directos lo utilizan y a veces hay una cuenta atrás en algunas páginas de la web o del embudo. El principio de escasez funciona porque no queremos perdernos algo y, además, queremos lo que no podemos tener.

La escasez es utilizada a menudo por los vendedores de autos. El cliente bien puede decir,

*"Me gustaría pensarlo".*

El vendedor de autos te responderá entonces.

*"Es estupendo que quieras pensarlo, pero no puedo garantizar que este auto vaya a estar aquí cuando vuelvas. Hemos tenido mucho interés en él y hay una alta probabilidad de que lo venda".*

Hay un dilema. Queremos tener tiempo para pensarlo y no precipitarnos pero, igualmente, no queremos perderlo.

Una forma de insinuar escasez es mencionar que tu empresa no puede trabajar con todo el mundo, por ejemplo,

*"No podemos trabajar con todas las empresas. Hay límites de capacidad en cuanto al número de empresas con las que podemos trabajar. Estamos casi al máximo de nuestra capacidad y hemos identificado a tu empresa como una empresa ideal para trabajar con ella. No me gustaría que perdieras esta oportunidad".*

El principio de escasez puede parecer ligeramente manipulador, pero la razón por la que la gente lo utiliza es porque funciona.

## Muerte por el Libro de Presentaciones

A veces, una presentación puede ser bastante técnica y suele ir acompañada de un libro de presentación. Mi experiencia con los libros de presentación es que a menudo han sido elaborados por personas que nunca han participado en reuniones con clientes y nunca han presentado una solución.

Muchos carecen de una historia, son demasiado complicados y no tienen un gancho obvio (lo que hay para el cliente).

Uno de los peores ejemplos de un libro de presentación que he visto fue cuando un especialista de producto me acompañó en una visita a un cliente. El libro de presentación se abrió en la primera página y la presentación consistió en repasar toda la presentación página por página. Fue una presentación pesada y no hace falta decir que el cliente no invirtió en nosotros.

Uno de los mejores ejemplos de cómo utilizar correctamente el libro de presentación fue el que utilizó un antiguo colega. Mi colega preguntó al cliente qué le gustaría cubrir. Se limitó a leer el libro, eligiendo los gráficos de apoyo pertinentes para ilustrar los puntos. El individuo también hizo referencia a la investigación académica y utilizó muchas historias para ilustrar los puntos.

El libro de presentación debe ser una ayuda para la presentación y no ser la presentación. Si hay ayudas visuales en el libro de presentación, los cuadros y gráficos deben ser lo suficientemente fáciles de entender para un cliente. He perdido la cuenta del número de ayudas visuales que son tan complicadas que nadie las ha entendido.

Recuerda, introduce tu mensaje de gancho con antelación y dirígete a lo que te interesa.

## KISS

Aprendí el acrónimo KISS al principio de mi carrera de ventas cuando me lo inculcaron, perdón por el juego de palabras. KISS son las siglas de "Keep It Simple Stupid" lo que en español significa "Mantelo Simple Estúpido". Es una buena manera de recordar que hay que mantener las cosas simples. Si la información que se transmite es demasiado complicada y el cliente está confundido, es probable que se desconecte. Esto hará que decidan que no vale la pena escuchar lo que les estás diciendo.

Recuerda que la mente confusa siempre dice que no y la mente desconfiada siempre dice que no. Una buena prueba para tu presentación es la "prueba de la abuela". Si el concepto o la idea son demasiado complicados para que tu abuela los entienda, es posible que haya que revisarlos.

## Ellos No Recuerdan

Quiero compartir una historia para ilustrar lo poco que la gente recuerda lo que se ha dicho.

Una vez estuve en un evento con una empresa anterior para la que trabajé. Éramos una de las doce empresas que se presentaban durante dos días. Cada una de las empresas que presentaban tenía su propia sala designada para presentar. Los delegados de la conferencia asistían a una selección de diez presentaciones durante dos días, pasando de una sala a otra. Cada presentación duraba unos cuarenta y cinco minutos y había una pausa para descansar y tomar un café.

Tras el evento, me puse en contacto con cada uno de los delegados que habían asistido a nuestra presentación. Se buscó la opinión de los asistentes y se evaluó su opinión. Mientras trabajaba en la lista de delegados, hubo uno con el que no pude hablar. Se había ido de vacaciones durante una semana. Anoté en mi agenda que me pondría en contacto con él a su regreso, una semana más tarde. Cuando por fin hablé con él, le pregunté qué le había parecido nuestra presentación. Su respuesta me sorprendió.

*"¿Estuve en tu presentación?"*

Me sorprendió que no recordara haber estado allí, ya que nuestro presentador era muy bueno. Sin embargo, sólo con pensar en esto me di cuenta de lo pobre que es la memoria humana. Supongo que es comprensible si se compara con otras situaciones.

Imagínate que anoche estaba viendo un partido deportivo o una telenovela en la televisión. Si le pregunto qué ha pasado durante el partido o el programa de televisión, probablemente podrá recordar con bastante precisión los acontecimientos de la noche anterior. Sin embargo, si le pregunto de nuevo una semana más tarde, el recuerdo se vuelve un poco más confuso. Si le hiciera la misma pregunta dentro de un mes, le costaría recordar algo. Si avanzamos seis meses, es poco probable que recuerde algún acontecimiento. Hay una excepción a esto y es si ha ocurrido algo trascendental o memorable que pueda relacionar el recuerdo.

Si la gente elige ver algo que le gusta y le cuesta recordar lo que ha sucedido, ¿qué posibilidades hay de que recuerde algo que está asociado al trabajo? Si no está convencido de esto, la próxima vez que alguien asista a un taller o una presentación, deja pasar unos días y luego pregúntale qué le pareció el taller o la presentación. La respuesta suele ser que les ha gustado y que ha valido la pena. A continuación, pregúntale qué parte del taller o de la presentación le ha gustado más. Observa cómo sus recuerdos se vuelven más vagos. Cuanto más tiempo dejes el punto de contacto, más imprecisos serán sus recuerdos. Puedes divertirte con esto.

Hace tiempo que sostengo la opinión de que el objetivo de una presentación no es sólo transmitir información. Esto puede parecer extraño al principio. Creo que el objetivo de una presentación es transmitir información para que el cliente piense: "Esto es interesante, necesito saber más". Sabiendo lo corta que es la capacidad de atención del ser humano y los límites del recuerdo, debemos atarnos al principio de que "puede que olviden lo que hemos dicho, pero nunca cómo les ha hecho sentir".

# CAPÍTULO 15

# Señales No Verbales

"Ves, pero no observas".

*Sherlock Holmes*

He asistido a cursos de formación en los que el instructor decía: "¡Si hubieras dicho esto habrías cerrado la venta!" Recuerdo que pensé que era algo ridículo. La comunicación humana es mucho más que juntar las palabras adecuadas.

## MÁQUINAS DE COMUNICACIÓN

### Qué significa la palabra "alguien"

La comunicación entre los seres humanos es compleja. Se calcula que más del 60% de la forma en que nos comunicamos se lleva a cabo de forma no verbal. Ha habido diferentes estimaciones de distintas fuentes. No es importante cuál es la cifra exacta. El punto clave es que la comunicación no verbal tiene lugar y es importante reconocerla e interpretarla. Podemos reconocer a alguien que está de mal humor sin que diga nada. En este caso, el lenguaje corporal, el comportamiento y las expresiones faciales indican que hay que andar con cuidado.

Cuando te comunicas, es importante ser lo más congruente posible, es decir, asegurarte de que las acciones coincidan con las palabras. La mayoría de nosotros ha tenido la experiencia de escuchar a alguien y, de alguna manera, no sentirse del todo bien. Esto se debe a que las señales se captan inconscientemente, fuera de nuestra conciencia y dan significados contradictorios.

Los seres humanos son máquinas de comunicación. No podemos no comunicarnos. El acto de no comunicar es un acto de comunicación. Esto tiene lugar a muchos niveles y, sin embargo, se presta mucha atención a lo que se dice. Muchos no son conscientes de la comunicación inconsciente que tiene lugar. A la hora de leer el lenguaje corporal o la comunicación no verbal, es importante fijarse en los grupos de comportamiento y no en los gestos aislados.

## El Sistema Límbico

El sistema límbico es la parte del cerebro que reacciona al mundo que nos rodea de forma automática e instantánea. Funciona a tiempo completo y es nuestro centro emocional. Desde el sistema límbico, las señales pasan a otras partes del cerebro. Es el sistema límbico el que crea una respuesta emocional que da lugar a comportamientos asociados a los instintos de supervivencia.

Los mecanismos de supervivencia están integrados en el sistema nervioso, por lo que son difíciles de disimular. Por ejemplo, cuando nos asustamos o nos sobresaltamos con un ruido fuerte, estas reacciones se producen inconscientemente y son genuinas. El sistema límbico es la parte del cerebro responsable de la respuesta de lucha, huida o parálisis y se considera nuestro "cerebro honesto".

## El Neocórtex o Cerebro Crítico

Esta es la parte del cerebro que nos diferencia de otros mamíferos. El neocórtex analiza, evalúa y crítica. Es la parte menos honesta y es nuestro "cerebro mentiroso". Es la parte del cerebro que puede engañar y lo hace a menudo. Sin embargo, es la parte del cerebro a la que nos dirigimos y a la que escuchamos para comprender.

## Leer la Comunicación No Verbal

La investigación ha establecido que las personas que pueden leer e interpretar eficazmente la comunicación no verbal y manejar la forma en que los demás los perciben, disfrutan de un mayor éxito en la vida que aquellos que no pueden hacerlo. Leer a las personas con éxito es una habilidad que se adquiere con la práctica y se convierte en algo natural. Cuando se aprende una nueva habilidad, como conducir un auto o practicar un nuevo deporte, puede resultar abrumador al principio. Sin embargo, con el tiempo y la práctica, se convierte en algo automático.

La gente suele preguntarme si soy consciente de todo lo que ocurre con el lenguaje corporal de alguien. Para mí, lo que ocurre es que algo se eleva de repente a la conciencia. Por ejemplo, hace poco hablé con una persona con la que tuve problemas en el pasado. Nunca estuvimos en la misma onda, pero últimamente nos llevábamos mucho mejor. Cuando estábamos dialogando, de repente me di cuenta de que nuestro lenguaje corporal estaba en sintonía. Esto es un signo de compenetración y de ser similares o parecidos.

El problema es que la mayoría de la gente se pasa la vida mirando, pero no observando de verdad. Es posible entrar en grandes detalles sobre el lenguaje corporal y complicar demasiado las cosas. Se necesita un método sencillo.

Dos observaciones útiles son notar si alguien está cómodo o incómodo, si se mueve hacia nosotros o se aleja de nosotros. Cuando experimentamos una sensación de comodidad, el sistema límbico "filtra" esta información en forma de lenguaje corporal, que es congruente con nuestros sentimientos. Observa a alguien que se relaja en la playa y fíjate en cómo su cuerpo refleja el estado de comodidad. El cerebro límbico lo experimenta y lo refleja con señales no verbales. Basta con observar a cualquier persona en el aeropuerto cuando se cancela o retrasa un vuelo para que su lenguaje corporal lo diga todo.

## Movimiento

Nos movemos hacia las cosas que nos gustan y nos alejamos de las que no nos gustan. Piensa en dos personas que no se llevan bien. Rara vez se sientan una al lado de la otra en las reuniones y suelen estar lo más alejadas posible. Si le dices a alguien que quieres compartir un secreto, se inclinarán hacia ti para escuchar el secreto.

Piensa en dos personas que se compenetran. Al observarlas, su lenguaje corporal será una imagen especular del otro y estará sincronizado. Si estamos hablando con alguien y estamos de acuerdo, nuestro lenguaje corporal lo reflejará. Si se dice algo que a alguien no le gusta, la sincronización se rompe y se produce un movimiento. Esto provoca un cambio en la posición del lenguaje corporal y el "baile se habrá roto". Esto es algo que hay que tener en cuenta.

## Las Señales

El lenguaje corporal puede ser muy complicado, así que veamos algunas de las cosas obvias que dan pistas sobre lo que alguien está pensando. Antes hemos visto la importancia del movimiento y de establecer una posición de comodidad o incomodidad. Veamos algunos de los gestos más obvios que pueden dar alguna pista.

# NO ESCUCHES, NO OBSERVES Y NO HABLES MAL

### "No Veas Lo Malo"

Veamos primero los ojos. Miramos las cosas que nos gustan y apartamos la vista de las que no nos gustan. Es posible que hayas oído a la gente decir: "¡No soportaba mirarla!" o "¡No podía mirar!". Taparse los ojos es un gesto obvio y se ve con más frecuencia entre los niños pequeños. A medida que crecemos, las señales se vuelven más sutiles y aprendemos a tapar las cosas. Busca un cambio en el ritmo de parpadeo, un tirón de los párpados, una reticencia a establecer contacto visual o a mirar hacia otro lado.

## "No Escuches Lo Malo"

Piensa en los niños pequeños. Cuando no quieren oír algo, se tapan los dos oídos con las manos. En la edad adulta, aprendemos a ser más sutiles y se ve como un tirón del lóbulo de la oreja o un juego con las orejas. Esto puede indicar que alguien no quiere escuchar lo que está diciendo.

## "No Hables Mal"

Si a alguien no le gusta lo que dices, suele taparse la boca. Pregúntale a un niño pequeño si está mintiendo e inmediatamente se tapará la boca con las manos. Cuando somos adultos nos volvemos más sutiles con esto. Las manos de las personas se llevan a menudo a la boca, ya sea cuando están hablando o cuando escuchan algo que no les gusta.

Otros signos de incomodidad asociados a la boca son el morder el labio inferior y el estrechamiento de los labios. Es posible que hayas oído la expresión "me he tenido que morder la lengua". Esto también puede verse en la mordida del labio inferior.

Otro signo de malestar es rascarse el cuello o tocarse el collar. La frase "de verdad que son un fastidio" puede tomarse literalmente.

El lenguaje corporal no debe identificarse de forma aislada, sino en grupos. Primero debe establecerse una línea de base del comportamiento normal del lenguaje corporal. Por ejemplo, si alguien tiene la costumbre de rascarse el cuello, no significa necesariamente que esté mostrando signos de malestar. Puede que sólo le pique el cuello. Sin embargo, si está mostrando signos de malestar, también se mostrarán otras señales no verbales. Imagina a alguien que ha tenido un día estresante. Cuando llega a casa, puede decir: "¡Por fin puedo relajarme!" Su lenguaje corporal se abre y se produce una relajación visible en su cara y su cuerpo.

## Tomar una Decisión

Otro patrón de lenguaje corporal útil que hay que tener en cuenta es el de acariciar la barbilla. Los hombres tienden a acariciar la barbilla entre el pulgar y el índice, tirando hacia abajo de la barbilla, mientras que las mujeres tienden a tener los nudillos apuntando hacia arriba y tirar de la barbilla.

Acariciar la barbilla implica a menudo mirar hacia arriba o hacia abajo, o desenfocar los ojos, ya que se accede al proceso interno de toma de decisiones. Esto también puede ir acompañado de un estrechamiento de los ojos. Si un hombre tiene barba, a menudo se acariciará la barba alrededor de la zona de la barbilla como un consuelo, en lugar de hacerlo únicamente para evaluar.

# CAPÍTULO 16

# Cerrar la Venta

*"Puedes tener todo lo que quieres en la vida si ayudas a suficientes personas a conseguir lo que quieren".*

*Zig Ziglar*

El cierre consiste solo en preguntar y es tan simple como decirle al cliente, "¿Vamos a hacer esto? o, "¿Qué te parece?" A muchos vendedores no les gusta preguntar porque, en este punto, está claro si el cliente va a proceder o no y a la gente no le gusta fallar.

## ABC

Al principio de mi carrera como vendedor, me encontré con el acrónimo ABC, que significa "always be closing" que en español significa "siempre cerrar". Al oírlo por primera vez, me pareció que sonaba un poco rebuscado. Una forma mucho mejor de pensar en esto es "siempre estar aclarando".

Al realizar la investigación, obtener información y presentar la solución, las aclaraciones deben ser continuas para minimizar la posibilidad de sorpresas al final. La mejor manera de cerrar es "siempre estar aclarando". Esto significa comprobar lo que piensa el cliente mientras avanza en el proceso de venta.

# CIERRE

## Algunos Cierres

Un cierre clásico es el cierre "en ángulo agudo". Por ejemplo, si un cliente pregunta si algo viene en un color determinado, digamos azul, el vendedor diría entonces.

*"Si viniera en azul, ¿lo comprarías?"*

Esto no es muy sutil y una pregunta mucho mejor es relacionar la elección del color con la lista de criterios. Por ejemplo,

*"¿Qué importancia tiene el color azul a la hora de seleccionar...?"*

Existe un cierre llamado cierre presuntivo. Se presupone que alguien va a comprar. En lugar de describirlo como un cierre, prefiero referirme a él como un patrón de lenguaje. Se puede utilizar en todo el proceso de venta. Se basa en la suposición de que la persona va a comprar el producto. Un ejemplo es,

*"Cuando utilices este sistema, encontrarás que..."*

No vamos a cubrir todos los cierres clásicos porque si el trabajo de base no se ha realizado correctamente, es irrelevante el cierre que se haya utilizado, simplemente no funcionará.

Una excepción es el "cierre del cachorro", que tiene mucho sentido desde el punto de vista comercial. Con el cierre del cachorro, el propietario del cachorro te permite llevarte el cachorro a casa, sabiendo que lo querrás tanto que no querrás devolverlo. El cierre del cachorro tiene el efecto de desproteger y transferir el riesgo del comprador al vendedor. Un ejemplo sería:

*"Estoy convencido de que te va a encantar este software. ¿Por qué no lo pruebas gratis durante un mes y me dices qué te parece? Si no te gusta, simplemente no pagas nada".*

## "¡Cállate!"

Muchas personas se encuentran en las ventas porque les gusta hablar. Hablar demasiado es una gran debilidad a la hora de cerrar. El mayor error es preguntar y luego no permanecer en silencio. Hay una tendencia entre algunos vendedores a empezar a responder ellos mismos a la pregunta que acaban de hacer. Por ejemplo:

*"¿Qué te parece? ¿Seguimos con el papeleo?"*

Incluso antes de que el cliente haya tenido la oportunidad de responder a la pregunta, muchos vendedores empiezan a hablar.

*"Bueno, si es demasiado costoso, siempre podemos reducir un poco el precio" o "Si crees que quieres pensarlo, está bien".*

## La Regla de Oro

El que habla primero pierde. La regla de oro es preguntar y luego simplemente "callarte". Permanece en silencio y no hables hasta que el cliente diga algo. Esto a veces puede llevar un tiempo y puede parecer una eternidad, pero hay que darle la oportunidad al cliente de hablar y pensar. Hagas lo que hagas, si el cliente está mostrando un poco de caricia en la barbilla, ¡no hables hasta que él hable primero!

# MANEJO DE LAS OBJECIONES

Si el trabajo preliminar se ha realizado de forma correcta, el número de objeciones será menor. Al "siempre estar aclarando", muchas de las objeciones se responderán durante la conversación.

Si alguien dice: "Bueno, esto es estupendo, pero todavía no queremos sustituirlo", es que no has hecho las preguntas adecuadas. Se trata de un fallo a la hora de establecer criterios desde el principio. Las objeciones pueden verse como preguntas en las que la gente busca más información. A veces, los clientes, como parte del juego, prefieren guardarse algunas objeciones para el final.

## La Cortina de Humo

Muy a menudo, hay una cortina de humo porque la gente no quiere dar la verdadera objeción. Esto puede deberse a que la objeción es personal, a que no quieren la confrontación o a que no quieren parecer groseros. Puede que les guste su proveedor actual y tengan una buena relación con él. También pueden ser conscientes de que la verdadera objeción podría ser manejada si fuera revelada. Una forma de evitarlo es decir,

*"Aparte de esto, ¿hay algo más?"*

Con esta frase, el objetivo es descubrir la verdadera objeción.

*"Si conseguimos arreglar esto, ¿estarías dispuesto a seguir adelante?"*

## Sentirte Descubierto

Este es un método muy eficaz para manejar las objeciones. En primer lugar, ponemos al día las expectativas del cliente.

*"Es perfectamente natural tener reservas para cambiar de proveedor y entiendo cómo **se siente**. De hecho, muchas de las empresas con las que he hablado **sentían** lo mismo. Sin embargo, cuando se cambiaron a nosotros, **descubrieron** que habían conseguido un importante ahorro en los costos y que los índices de aprobación de sus clientes aumentaron hasta un cuarenta y tres por ciento".*

## Es Difícil Desplazar a un Viejo Amigo

Cuando entré en el campo de las ventas a intermediarios, trabajaba para una compañía de seguros de vida que vendía productos de inversión y seguros de vida a asesores financieros. La empresa para la que trabajaba era una de las muchas que buscaban obtener una parte de los productos recomendados por el asesor financiero, que luego recomendaría a sus clientes. En aquel momento, uno de los vendedores más experimentados me dijo que hay un orden jerárquico. El asesor financiero tendrá una buena relación comercial y personal con el representante de una empresa. Ese individuo se llevaría la mayor parte del negocio. Cuando este representante dejara la empresa, el número dos obtendría una parte mayor y así sucesivamente. Cualquier intento de señalar los defectos de la empresa elegida se encontraría con resistencia.

Piensa en dos amigos íntimos. Es difícil romper esa amistad. Ya que habrán pasado mucho tiempo juntos, tendrán intereses comunes y se apoyarán mutuamente. La gente suele tener sus amigos más íntimos, pero tendrá otros amigos para actividades o intereses que su mejor amigo no tiene.

En un contexto empresarial, cuando se trata de ventas a través de intermediarios, hay que tener en cuenta que esto puede ser un problema y que es mejor explorar una solución de nicho en la que no opere el competidor preferido. Es mejor aspirar primero a una pequeña porción, en lugar de entrar de lleno desde el principio. Conseguir una parte del negocio es mejor que no conseguir nada.

## Ya Sabes lo Que Son Ellos, Así Que Prepárate

Los buenos vendedores se preparan. Saben cuáles son las objeciones, quiénes son los competidores y cómo replantear las objeciones. Lo ideal es planificar la gestión previa de tantas objeciones como sea posible, especialmente las cinco principales. La gran mayoría de las objeciones serán similares. Cuando se oye una, es importante escuchar con atención y no interrumpir nunca al cliente mientras está hablando.

Muchos vendedores sienten la necesidad de intervenir directamente cuando escuchan una objeción y empezar a poner al cliente en su sitio. Recordemos que queremos estar en tiempo real escuchando al cliente y no interiorizando imágenes. Es una buena idea, cuando el cliente haya terminado de hablar, resumir la objeción del cliente y repetírsela. Supongamos que se trata de una cuestión de precio.

> *"Sólo para comprobar que entiendo, por lo que dices, que el precio es el único problema y que estás contento con las demás partes del producto. ¿Es eso correcto?"*

En este ejemplo, se le ha repetido la objeción y se utiliza una pregunta cerrada para reducirla. El cliente ha aceptado que quiere el producto o servicio y sólo es cuestión de precio y condiciones.

Ahora entramos en el ámbito de la negociación, que se tratará en la siguiente sección.

# NEGOCIACIÓN

La negociación forma parte del proceso de venta. Cuando se vende algo, no sólo hay que planificar el argumento de venta, sino también la negociación, junto con el poder de negociación y las compensaciones.

## Establecer un Ganar/Ganar

Es esencial establecer un ganar/ganar. El cliente quiere sentir que va a ganar y el vendedor también quiere ganar. La negociación es un juego y, en algunas culturas, se espera y es una parte muy importante del proceso de venta.

La negociación puede considerarse parte del proceso de cierre. Al entrar en la fase de negociación, el cliente ya ha decidido seguir adelante, siempre y cuando se cumplan algunos criterios adicionales. Se ha establecido el principio de seguir adelante.

Muchas personas se sienten incómodas negociando y son pésimas negociadoras. Negociar es regatear y puede considerarse como una solución a medida de las necesidades del cliente. Las soluciones de cajón no siempre funcionan. Cuando se negocia, es necesario agudizar la conciencia, junto con un sólido proceso de preguntas. El cliente es consciente de las ventajas del producto o servicio y el uso de preguntas aclara sus necesidades específicas. El interrogatorio también descubre y pone de manifiesto los puntos débiles de la posición del cliente. También conviene recordar que, al entrar en la fase de negociación, ambas partes han decidido seguir adelante. Si el acuerdo no sale adelante, ambas partes sufrirán una pérdida.

Imaginemos que el precio es un obstáculo. El punto fuerte del cliente es que sabe que quiere el pedido y que puede moverse por el precio. La fuerza del vendedor es que sabe que el cliente está ahora convencido de la necesidad y que se verá perjudicado si el acuerdo no sigue adelante. El simple hecho de indicarles o preguntarles qué pasaría si no actuaran es poderoso.

Si, por ejemplo, se tratara de seguridad IT, podrías preguntarles por las implicaciones si no adoptaran tu solución. ¿Qué significaría para tu negocio y tu reputación si tu sistema fuera hackeado y esto permitiera que se revelaran datos personales?

## Reducción de la Información

Ahora tenemos que establecer exactamente lo que quiere el cliente. Por ejemplo,

*"¿Qué es exactamente lo que buscas para poder proceder hoy?"*

En este punto, el cliente va a decir exactamente lo que busca. A continuación, hay que precisarlo. Hay que repetir la afirmación, indicando exactamente lo que busca y utilizar una pregunta cerrada para aclararlo.

*"Sólo quiero asegurarme de que lo he entendido bien. Si hacemos esto por ti, entonces seguirás adelante, ¿es correcto?"*

Si el cliente dice entonces,

*"Quiero pensarlo".*

Simplemente pregúntale,

*"¿Qué es lo que necesitas pensar para poder proceder hoy?"*

## Remordimiento del Comprador

El remordimiento del comprador se produce cuando alguien compra algo y luego se arrepiente de la compra o piensa que podría haber conseguido una oferta mucho mejor. Piensa en alguna compra que hayas hecho en la que hayas pedido un descuento. Incluso puede que te hayan ofrecido un descuento sin pedirlo. Mucha gente nunca se ha visto envuelta en una situación de negociación y si ese es el caso, imagínate para este ejemplo.

Imagina que pides un descuento y el vendedor te hace inmediatamente un descuento del diez por ciento. Recibir un descuento puede sentirse bien en ese momento. Sin embargo, a medida que pasa el tiempo, suele surgir un pensamiento inquietante. "Si el vendedor estaba dispuesto a dar el diez por ciento inmediatamente, ¿cuánto más podría haber dado?"

Ahora imagínate que pides un descuento en el que has tenido que esforzarte mucho para conseguirlo. Al principio no te ofrecieron nada, pero finalmente conseguiste el diez por ciento. Recuerda que cuando se hace un descuento por primera vez, se trata sólo de una oferta que puedes aceptar o rechazar. Un buen negociador te hará trabajar duro para conseguir cualquier descuento y a menudo te felicitará por tus habilidades de negociación. A menudo concluyen con una frase como,

*"Te esfuerzas mucho y normalmente no hago descuentos".*

En ambos ejemplos, el descuento final seguía siendo el mismo diez por ciento. En la primera situación, puede parecer que se podría haber dado más y en la segunda, al recibir un descuento de un negociador experimentado, puede parecer que se ha tenido suerte de haber conseguido algo. Sin embargo, se trata del mismo nivel de descuento.

Tenemos que ser conscientes de eso. Cualquier trato debe ser un acuerdo en el que todas las partes salgan ganando para asegurarse de que obtienen lo que quieren y están contentas con el acuerdo. Una buena estrategia de negociación es asegurarse de que los clientes se esfuerzan por conseguir un descuento. Y al final felicitar al cliente por su capacidad de negociación.

Todo lo que viene demasiado fácil, con frecuencia no se aprecia ni se valora. Hay que tener mucho cuidado cuando se negocia y no dar nada demasiado fácil o de forma innecesaria.

## La Táctica del Chico Bueno y el Chico Malo

Este es un enfoque muy útil, pero hay que tener en cuenta que al utilizarlo se puede perder el control. En muchas situaciones de venta, se puede establecer una buena relación con el cliente y hacer una buena presentación. Luego llega el momento de preguntar y hay una objeción. De repente, en lugar de estar en el mismo lado que el cliente, nos encontramos en el lado contrario.

El "chico bueno, chico malo" es un enfoque útil para utilizar en este caso. En lugar de decir "no", se confía en un tercero para que diga "no". Esto es habitual en la venta de autos. El enfoque es muy sencillo. Un ejemplo es,

> *"Me encantaría hacerte un descuento y si fuera mi empresa, lo haría inmediatamente. El problema es que el dueño del negocio es un individuo bastante complicado y no hace descuentos. Déjame hablar con él. Aparte del precio, ¿hay alguna otra razón por la que no podamos proceder hoy?"*

En la venta de autos, el vendedor irá a ver al director de ventas. El director de ventas prepara entonces un acuerdo para que el vendedor se lo lleve al cliente. Los vendedores de doble acristalamiento utilizan esta técnica y a menudo se les ve hacer una llamada telefónica cuando están en nuestra casa.

Cuando la gente pide algo adicional a lo acordado, una frase útil es,

*"Sí, podemos hacerlo y el precio es..."*

Si el precio es un problema, simplemente hay que aclarar lo que quieren invertir (no pagar).

*"Siento que estamos cerca de un acuerdo. ¿Qué es lo que necesitas para seguir adelante hoy?"*

Nunca des ningún descuento sin saber exactamente lo que tienes que dar. Prepárate para el salami, donde los clientes siguen pidiendo más y más. La forma de manejar esto es decir: "Sí, está bien y el costo es".

# CÓMO NEGOCIAR EL PRECIO

El costo o el precio van a surgir, prácticamente en todas las reuniones, por lo que es importante estar preparado. Lo primero que hay que hacer es enmarcar el precio y para eso es necesario entender el anclaje del precio.

## Anclaje del Precio

Las personas toman decisiones utilizando las distancias relativas de dos puntos de anclaje. Esta es una técnica increíblemente poderosa. Se aprovecha de uno de los prejuicios que llevamos dentro. Fíjate en que las siguientes dos afirmaciones son diferentes.

*"El costo de alquilar esta sala es de $5.000".*

*"El costo de alquilar esta sala puede ser de hasta $10.000, pero puedes alquilarla por $5.000".*

Supongamos que ambas afirmaciones son ciertas. Observa que en la primera afirmación se indica el costo, que puede ser aceptable o costoso según tu punto de vista. En la primera afirmación no hay un contexto con el que se pueda medir, mientras que en la segunda parece que se está consiguiendo una ganga. Es importante ser honesto con los clientes. En este ejemplo, las tarifas de alquiler de salas varían y el precio de 10.000 dólares puede aplicarse a una boda.

## Recuerda el término Wingtips.

El término wingtips viene del inglés y se refiere a las puntas de las alas de los aviones. Entonces ahora que entendemos el anclaje del precio, cuando alguien expone su posición por primera vez, si es bueno negociando, siempre será una posición exagerada. Saben que esto forma parte del anclaje. En las negociaciones, la gente suele empezar con posiciones extremas en las puntas de las alas y pasar al centro o al fuselaje.

## Estremecerse

Una técnica clásica en la negociación que funciona bien se conoce en inglés como "flinch" que significa estremecerse. No importa el precio que se ofrezca, sólo hay que respirar y estremecerse. Esto suele ir acompañado de un ligero fruncimiento del ceño, como si el precio fuera muy caro.

La primera vez que me topé con el flinch fue hace años, mientras conducía hacia el trabajo desde mi casa en Edimburgo hasta Glasgow, Escocia. Tras escuchar varias emisoras de radio y agotar mi colección de música, decidí utilizar el tiempo de forma productiva para aprender nuevas habilidades. Al estar a cargo del presupuesto de formación, decidí comprar una formación en audio para aprender habilidades de negociación.

Mientras escuchaba las grabaciones, el autor describió el estremecerse. Al escucharlo, pensé que no podría hacerlo. Incluso la idea de hacerlo me hizo estremecerme y no estaba para nada convencido de que funcionaría. Por aquel entonces, tenía una lancha a motor y estaba buscando accesorios para ella. Pensé en probar la técnica que recién había aprendido. Al entrar en el taller, pregunté al vendedor el precio de los accesorios. En cuanto me dijo el precio, me estremecí de inmediato. La persona que me atendió no se dio cuenta de que me estremecí y empezó a ofrecer un descuento mucho mayor del necesario. ¡Había funcionado! Hice lo mismo al comprar un equipo de sonido y también funcionó.

Después de estremecerse, es importante guardar silencio. Deja que la otra persona hable. Mucha gente es mala negociadora y empieza a hacer descuentos innecesarios enseguida. Si alguien se estremece ante ti o tu oferta; tenlo en cuenta.

## El Poder del Alejamiento

Un gran error a la hora de comprar algo es parecer demasiado entusiasmado. Es importante dar la impresión de que no estás desesperado por el pedido. Los negociadores experimentados lo saben y están dispuestos a alejarse. Esto suele ser una táctica. Es esencial conocer y determinar el punto de abandono, el punto en el que el acuerdo se vuelve inviable. Conócelo y apégate a él.

## Es Hora de Ser Creativo

Es probable que el precio sea un problema a la hora de negociar. A veces, el precio no puede cambiarse, pero la oferta puede hacerse más atractiva. Supongamos en este momento que el precio es el principal obstáculo. Es el momento de pensar de forma creativa. Supongamos que lo que se vende es un sistema IT. ¿Hay algo que puedas incluir que tenga un bajo costo para tu empresa pero que tenga un alto valor percibido? ¿Quizás podría incluirse una formación en la que los empleados de la empresa recibieran formación sobre cómo sacar el máximo partido al sistema IT? Esta es una estrategia inteligente, ya que permite establecer una mayor relación con el cliente al pasar más tiempo con él.

Tal vez la empresa tenga poco espacio físico y necesite salas de reuniones para celebrar seminarios para sus clientes. ¿Hay algún espacio que puedas ofrecerle para su uso? Otra opción es ofrecer el acceso a expertos de tu empresa que podrían colaborar en un boletín informativo o dar charlas en eventos.

Piensa de forma creativa, cuanto más se puedan proteger tus márgenes de ganancia utilizando beneficios de alto valor percibido, mejor será para tu cuenta de resultados.

## El Upchunk o Agrupamiento

Yo llamo a esta técnica "upchunk o agrupamiento" y muchos entrevistadores políticos la utilizan. Los entrevistadores suelen intentar atrapar a los entrevistados, los abogados también utilizan esta técnica en los tribunales. En resumen, se consigue que alguien esté de acuerdo con algo y luego se vincula con otra cosa. Un ejemplo lo hace entender mejor

> *"¿Crees que es importante que la gente pueda pasear con seguridad por este vecindario?"*
>
> *"Sí".*
>
> *"¿Podría explicarme por qué no has hecho nada respecto al creciente número de ataques a personas en este vecindario?"*

Debes estar muy atento si te hacen esto. El upchunk puede utilizarse para ayudar a replantear el panorama a la hora de negociar.

Pensemos en recomendar un seguro de vida. El cliente ha aceptado la necesidad de un seguro de vida, pero el costo es un problema. Veamos cómo se puede utilizar el upchunk. En primer lugar, es necesario un contexto más general, seguido de una pregunta más específica que se relaciona con la primera.

### Ejemplo 1

> *"¿Crees que es importante asegurarse de que tu familia está económicamente segura, si alguna vez te ocurriera algo?"*
>
> *"Sí"*

*"¿Son $100 al mes demasiados para garantizar la seguridad de tu familia, si te ocurriera algo?"*

Veamos la inversión para los gastos escolares.

### Ejemplo 2

*"¿Cree que es importante proporcionar la mejor educación posible a tus hijos?"*

*"¡Por supuesto!"*

*"¿Crees que invertir £200 al mes en beneficio de la educación de tus hijos para que tengan el mejor comienzo en la vida vale la pena?"*

El upchunk es muy poderoso y funciona muy bien cuando se utiliza delante de otras personas. La gente lo utiliza todo el tiempo en la vida cotidiana sin ser consciente de eso.

No siempre conseguirás lo que quieres al negociar siempre. Recuerda, no te sientas demasiado satisfecho si lo consigues.

## ¿Alguien Quiere un Mordisco?

El mordisco se produce una vez que se ha cerrado el trato, se ha acordado el precio y el cliente se ha comprometido a comprar. Una vez acordado el precio, el cliente puede volver y decir,

*"Esto incluye la entrega gratis, ¿no?"*

En ese momento, se tiende a ceder y confirmar que sí porque no queremos perder la venta. Un ejemplo de esto sería cuando se compra un auto y se ha acordado el precio. El cliente pregunta entonces,

*"Esto incluye los guardafangos, ¿no?"*

En ese momento, mantente firme y dile con autoridad,

*"Por supuesto, estaremos encantados de instalarle los guardafangos y el precio es…"*

Otra versión del mordisco es "el bolígrafo tembloroso". El cliente tiene un bolígrafo en la mano y está a punto de firmar el contrato. Entonces, el cliente te mira y te pregunta si la entrega gratuita está incluida. La respuesta es la misma.

## Cosas Que Hay Que Tener en Cuenta

A la hora de negociar un precio, las cifras concretas tienen más impacto que las redondeadas. Algo con un precio de $197,98 suena más convincente que algo con un precio de $200. Si algo tiene un precio preciso, es más creíble.

Ten cuidado con la táctica de la autoridad superior. Si alguien dice que tiene que dirigirse a una autoridad superior para tomar una decisión, que podría ser su jefe, di simplemente

"Genial, ¿cuándo puede concretar una cita con él/ella?"

# CAPÍTULO 17

# Reunión Postventa

*"Si no cuidas a tu cliente,*

*tu competidor lo hará".*

*Bob Hooey*

Hay diferentes tipos de servicio postventa según el proceso de venta. Puede ser que una venta se realice a lo largo de varias reuniones. Puede que el cierre no sea posible tras una sola reunión. Sin embargo, en otros casos, conseguimos una venta tras una sola reunión.

## LA TRISTEZA DE LA POSTVENTA

A medida que nos adentramos en el proceso de posventa, nos alejamos de la emoción inicial de la venta, la obtención del objetivo y pasamos a la parte rutinaria del seguimiento y el servicio. Para muchos, esta es la parte menos emocionante del trabajo, pero es una parte importante.

Durante una reunión, si se hacen promesas o se requiere información de seguimiento, hay que llevarlas a cabo. A menudo la gente promete hacer algo y no lo hace. Cuando empecé en el mundo de las ventas, alguien me dijo que si quería tener éxito, "haz lo que dices que vas a hacer, hazlo bien y hazlo a tiempo".

Recuerdo que me reuní con un representante de ventas de una empresa y le pregunté por sus productos y servicios. Estaba realmente interesado y el representante de ventas prometió enviarme la información. La presentación había tenido lugar y todo lo que se necesitaba era un correo electrónico con la información. Sin embargo, esto nunca se llevó a cabo. Esto es increíblemente fácil de hacer y, sin embargo, muchos no lo hacen.

Si prometes hacer algo, haces lo que dices que vas a hacer, lo haces a tiempo y lo haces bien, te sorprenderá lo bien que lo reciben tus clientes y te destacarás.

## POR FAVOR REVISA EL DOCUMENTO ADJUNTO...

Si la venta no se ha cerrado o se trata de una venta de varias etapas, el cliente puede pedir en este momento más información. En algunos casos, se trata de una evasión. Sin embargo, en otros casos, puede tratarse de un interés genuino, sobre todo si hay que realizar una evaluación adicional.

Una de las cosas que más detesto, cuando se pide más información, es recibir un correo electrónico que dice "por favor, encuentra el documento adjunto", que contiene un complicado documento pdf de cuarenta páginas. Piensa en esto por un momento. Imagina que tienes una afición que te apasiona. Te llega un correo electrónico relacionado con tu afición que contiene un documento pdf de cuarenta páginas. ¿Lo leerías todo, sobre todo si es pesado? Si eres como la mayoría de la gente, no lo leerías todo. Si ese es el caso de la información que nos interesa, ¿qué posibilidades hay de que alguien lea un complicado documento pdf de cuarenta páginas? Algunas personas lo leerían, pero la gran mayoría no lo hará. Hay algo más que eso. El simple hecho de enviar un documento pdf de cuarenta páginas da la impresión de no esforzarse y de querer simplemente enviar un archivo adjunto.

¿Cómo podemos distinguirnos entonces de otras empresas y otros vendedores? Recuerda que la mente confusa y la mente desconfiada siempre dicen no. Resumir los puntos clave del documento en unas pocas frases, junto con la referencia a los números de página correspondientes, facilita mucho la comprensión del cliente. Esto le comunica al cliente que se ha hecho un esfuerzo para facilitarle las cosas. De este modo, tú te distinguirás de tus competidores, ya que muy pocos se esforzarán por hacerlo. Algunos sectores están muy regulados y es necesario tener cierto cuidado al enviar la información. Consulta primero con tu sector. Suele haber una forma de resumir lo que contiene el documento y hacer referencia a él.

Hace años, un entrenador en ventas mencionó que siempre hay que hacer un esfuerzo adicional. No creo que haya que hacer un esfuerzo adicional, sino que basta con recorrer unos metros más para destacar.

# SERVICIO POSTVENTA

Después de la venta, la tentación es pasar al siguiente cliente. A menudo se olvida al cliente que acaba de comprar el producto o servicio. Este es un error clásico porque un cliente que acaba de comprar nuestro producto o servicio puede tener remordimientos de comprador. Buscan tranquilidad. Tenemos que asegurarnos de que les aseguramos que han tomado la decisión correcta.

Piensa en hacer una gran compra. Es en ese momento cuando uno es más vulnerable y busca tranquilidad. Si alguien dice "¿Por qué has comprado eso?", deduciendo que ha sido una mala decisión, comienza una defensa de la compra. Si hay más personas que hacen esta pregunta, empieza a surgir la duda. Debes comparar esto con cuando alguien te pregunta por qué compraste algo hace años. En este caso, no te preocupará tanto porque estás contento con la compra y no necesitas ninguna validación externa.

Alguien que ha comprado tu producto o servicio puede ser una fantástica fuente de referencias. Al ofrecer un excelente servicio postventa se gana credibilidad y referencias adicionales. Una vez finalizada la venta, hay que explicar lo que sucederá a continuación, quién se pondrá en contacto y qué se necesitará. Una buena costumbre es llamar por teléfono después de la venta para comprobar que el cliente está satisfecho con el progreso. Esto es útil, ya que no todo el mundo en una organización es tan eficiente como podría serlo.

# REFERENCIAS

Los clientes actuales pueden representar una fantástica base de referencias. A la gente le gusta contar historias, sobre todo si están satisfechos. Muchos vendedores piden referencias preguntando,

*"¿Conoce a alguien que pueda beneficiarse de este producto o servicio?"*

La respuesta del cliente suele ser,

*"No, pero si se me ocurre alguien, te lo recomendaré".*

Una mejor forma de preguntar es,

*"¿Qué empresas conoces que se beneficiarían de esto?"*

Entonces ellos pueden que mencionen el nombre de una empresa, a lo que tú puedes responder,

*"¿Tiene un nombre de contacto allí?"*

Si te dan un nombre de contacto, pregunta,

*"¿Estaría bien si menciono que tú me dijiste que los llamara?"*

## Prueba el Truco del Clarividente

El truco del clarividente consiste en llevar a la gente a seleccionar a alguien que pueda ser adecuado para una recomendación. Cuando se pide una recomendación, es mucho mejor enmarcar primero la situación y luego pedir la solicitud, lo que lleva a una respuesta.

*"Hacemos crecer nuestro negocio a través de las referencias y sería fantástico si tú pudieras ayudarnos en nuestro crecimiento. ¿En quién puedes pensar que se beneficiaría de nuestro servicio?"*

Espera la respuesta y, si no llega nada, indúcela, como lo haría un clarividente.

*"Tal vez podría ser alguien con quien trabajas, o alguien de tu familia inmediata, o alguien que conoces del Club de Golf".*

La utilización de esta técnica de incitación puede ayudar a la gente a identificar a los que serían adecuados. Por lo general, la gente está encantada de dar referencias si está contenta con el producto o el servicio. Si dicen que no, no pasa nada, porque si no se pide, no se recibe.

# CAPÍTULO 18

# Conclusión

*"Para tener éxito, salta tan rápido a las oportunidades como a las conclusiones".*

*Benjamin Franklin*

A muchas personas les gusta un enfoque estructurado y métodos que funcionen en cualquier tipo de entorno de ventas en el que se encuentren. Esto proporciona un marco y actúa un poco como una vía de tren. Los principios se han cubierto en detalle, pero a veces el tren se puede descarrilar. En esta situación, se necesitan habilidades de comunicación para volver a encarrilarlo.

La comunicación humana es complicada. Gran parte de ella ocurre fuera de nuestra conciencia, pero se procesa de forma inconsciente. Sólo somos conscientes de una pequeña parte de lo que ocurre. Trabajar en las habilidades CCCC (la Creencia, el Control del Estado, la Compenetración y la Conciencia Aguda) es la base del éxito.

La creencia establece las bases de lo que creemos que es posible y verdadero. En este libro se han citado numerosos ejemplos de sucesos aparentemente imposibles, que han sido bien documentados. La creencia es a la vez potenciadora y limitante. Si se puede creer, entonces se puede concebir. Argumenta tu debilidad y será tuya.

La capacidad de controlar tu estado y recordar los recursos anteriores dictarán tu éxito, no sólo con las ventas, sino en todas tus situaciones de comunicación. La capacidad de controlar el estado fue demostrada, cuando se levantó una cantidad de peso que antes se consideraba imposible, por Eddie Hall. Existen métodos para controlar el estado y seguir los métodos mostrados te permitirán hacerlo. Es una habilidad que requiere práctica y luego puede hacerse de manera fácil y efectiva.

Las habilidades para crear compenetración son la base de la comunicación. Con la compenetración, casi todo es posible y sin ella, muy poco. El grado de compenetración con otra persona determinará tu éxito en todos los ámbitos de tu vida. La compenetración es algo que se puede aprender y los métodos se pueden practicar hasta que se incorporen a la vida cotidiana. Cuanto más te parezcas a la otra persona, mayor será la compenetración que construyas con ella. Cuanto más se pase del interés propio al interés por la otra persona, más profundo será el cambio.

La última pieza del rompecabezas es aprender a desarrollar una conciencia más aguda. Cuanto más se pase de un enfoque interno a un enfoque externo, mayor será el efecto. Esto es algo que puede desarrollarse prestando atención a la forma en que la gente camina, habla, las palabras que utiliza y cómo se comunica. La clave está en observar el lenguaje corporal, las expresiones faciales y la forma en que reaccionan ante las situaciones.

Se ha dicho que no hay que juzgar un libro por su portada, pero a veces no tenemos tiempo de leer la historia y la portada es la única pista que tenemos sobre el contenido del libro.

Práctica los métodos y fíjate cómo la vida puede ser mucho más interesante y divertida. Diviértete y disfruta de tus nuevas habilidades.

Gracias por leer este libro.Si has disfrutado de este libro, me ayudaría enormemente si tuvieras la amabilidad de darle una reseña o calificación positiva por la forma en que funcionan los algoritmos.

¡Hace que todos esos madrugones y noches de insomnio valgan la pena!

Muchas Gracias.

https://linktr.ee/espanolreview

Disfruta del capítulo de bono a continuación.
***Obtén tu capítulo de bono "El Botón Caliente" en*** https://www.espanol.themindofsales.com

# Referencias

Bandler, R. (1976). *La estructura de la magia*. Palo Alto, CA: Libros de Ciencia y Comportamiento.

Bandler, R., Grinder, J., y Andreas, S. (1990). *Los sapos se convierten en príncipes: Programación Neurolingüística*. Londres: Eden Grove.

Bandler, R., Grinder, J., y Andreas, S. (1994). *Reencuadrar: la programación neurolingüística y la transformación del significado*. Moab Utah: Real People Press.

Bandler, R., Grinder, J., y DeLozier, J. (1996). *Patrones de las técnicas hipnóticas de Milton H. Erickson, M.D.* Scotts Valley, CA: Grinder & Associates.

Bandler, R. (2008). *Richard Bandlers guía para la formación del trance*. Deerfield Beach, FL: Health Communications, Inc.

Birdwhistell, R. L. (1971). *Cinesis y contexto: Ensayos sobre la comunicación cuerpo-movimiento*. Londres.

Bolstad, R. (2011). *Resolución: un nuevo modelo de terapia*. Carmarthen, Gales: Crown House Pub.

Brown, D. (2007). *Los trucos de la mente*. Londres: Channel 4 Books.

Bruce Lipton https://www.brucelipton.com/category/topics/new-biology

Childre, D. L., Atkinson, M., McCraty, R., y Tomasino, D. (2001). *La ciencia del corazón: explorando el papel del corazón*. Boulder Creek, CA: Centro de Investigación HeartMath, Instituto de HeartMath.

Cialdini, R. B. (2007). *Influencia: la psicología de la persuasión: Robert B. Cialdini*. Nueva York: Collins.

Cialdini, R. B. (2018). *Pre-suasión: una forma revolucionaria de influir y persuadir*. Nueva York: Simon & Schuster Paperbacks.

Clark, B. C., Mahato, N. K., Nakazawa, M., Law, T. D., y Thomas, J. S. (2014). El poder de la mente: el córtex como determinante crítico de la fuerza/debilidad muscular. *Journal of Neurophysiology, 112*(12), 3219–3226. doi: 10.1152/jn.00386.2014

Clark, L. V. (1960). El Efecto de la Práctica Mental en el Desarrollo de una Determinada Habilidad Motriz. *Research Quarterly. Asociación Americana de Salud, Educación Física y Recreación, 31*(4), 560–569. doi: 10.1080/10671188.1960.10613109

Covey, S. R. (2016). *Los 7 hábitos de la gente altamente efectiva*. San Francisco, CA: FranklinCovey Co.

Cuddy, A. J. C., Schultz, S. J., y Fosse, N. E. (2018). El P-Curving de Un Cuerpo de Investigación Más Completo Sobre la Retroalimentación Postural Revela Un Claro Valor Probatorio para los Efectos de Power-Posing: Respuesta a Simmons y Simonsohn (2017). *Psychological Science*, *29*(4), 656–666. doi: 10.1177/0956797617746749

Dantalion, J. (2008). *Patrones del Lenguaje de Control Mental*. Lugar de publicación desconocido: Mind Control Publishing.

Dawson, R. (14 de octubre de 2014). Los Secretos de la Negociación de Poder. Obtenido de https://www.audible.com/pd/The-Secrets-of-Power-Negotiating-Audiobook/B00NMQVS9G

Eagleman, D. (2012). *Incógnito*. Rearsby: Clipper Large Print.

Elman, D. (1970). *Hipnoterapia*. Glendale, CA: Westwood Pub. Co.

Estabrooks, G. H. (1968). *El hipnotismo*. Nueva York: Dutton.

Grinder, J., y Bandler, R. (1985). *Trance-formaciones: programación neuro-lingüística y la estructura de la hipnosis*. Moab: Real People Press.

Hall, E. (2018). *Un hombre fuerte: mi historia*. Londres: Virgin Books.

Heller, S., y Steele, T. L. (2009). *Monstruos y varitas mágicas: ¿no existe la hipnosis?* Tempe, AZ: Original Falcon Press.

Cedar Books. (1988). *Cómo hacer amigos e influenciar a las personas*. Londres.

Hull, C. L. (1968). *La hipnosis y la sugestionabilidad un enfoque experimental*. Nueva York: Appleton-Century-Crofts.

Jung, C. (2016). Tipos Psicológicos. doi: 10.4324/9781315512334

Kimbro, D. P., Hill, N., e Hill, N. (1997). *Piensa y hazte rico: una elección negra*. Nueva York: Fawcett Columbine.

Klaff, O. (2011). *Lanza cualquier cosa: un método innovador para presentar, persuadir y ganar el trato*. Nueva York, NY: McGraw-Hill.

Klopfer, B. (1957). Variables psicológicas en el cáncer humano. *Journal of Projective Techniques*, *21*(4), 331–340. doi: 10.1080/08853126.1957.10380794

Knox, R. (10 de enero de 2014). La Mitad del Poder de Una Droga Proviene de Pensar Que Va A Funcionar. Obtenido el 16 de junio de 2020, de https://www.npr.org/sections/health-shots/2014/01/10/261406721/half-a-drugs-power-comes-from-thinking-it-will-work

Koch, R. (1998). *Principio 80/20: el secreto de lograr más con menos. (Título alternativo: principio ochenta-veinte)*. Nueva York: Currency.

Kolenda, N. (2013). *Métodos de persuasión: cómo utilizar la psicología para influir en el comportamiento humano*. Lugar de publicación no identificado.

Ledochowski, I. (2003). *El manual de entrenamiento del trance profundo*. Carmarthen, Gales: Crown House Pub.

Lorayne, H. (1979). *Cómo desarrollar una memoria superpoderosa.* Wellingborough: A. Thomas.

Macknik, S. L., Martinez-Conde, S., y Blakeslee, S. (2012). *Los juegos de la mente: lo que la neurociencia de la magia revela sobre nuestros cerebros.* Londres: Profile.

Maclean, P. D. (1988). Cerebro Triuno. *Neurociencia y Neurobiología comparadas,* 126–128. doi: 10.1007/978-1-4899-6776-3_51

Mason, A. A. (1952). Casos de Eritrodermia Congénita Ictiosiforme de Brocq Tratados Mediante Hipnosis. *Bmj, 2*(4781), 422–423. doi: 10.1136/bmj.2.4781.422

McGill, O. (1947). *La enciclopedia del genuino hipnotismo escénico.* Colon, MI: Abbotts Magic Novelty Co.

Michael H., M. I., C., G., y Volker. (29 de septiembre de 2014). Los Fundamentos Neurobiológicos de la Musicoterapia Neurológica: El Entrainment Rítmico y el Sistema Motriz. Obtenido de https://www.frontiersin.org/articles/10.3389/fpsyg.2014.01185/full

Miller, G. A. (1956). El número mágico siete, más o menos dos: algunos límites en nuestra capacidad de procesar información. *Psychological Review, 63*(2), 81–97. doi: 10.1037/h0043158

Murphy, J. (2013). *El poder de tu mente subconsciente, Dr. Joseph Murphy.* Lugar de publicación no identificado: Wildside Press.

Navarro, J., y Karlins, M. (2015). *Lo que dice cada Cuerpo: una guía de ex agentes del FBI para leer a la gente rápidamente.* Nueva York, NY: Harper Collins.

OBrien, D. (1994). *Cómo desarrollar una memoria perfecta.* Londres: Headline.

Pascual-Leone, A., Nguyet, D., Cohen, L. G., Brasil-Neto, J. P., Cammarota, A., y Hallett, M. (1995). Modulación de las respuesta musculares evocadas por la estimulación magnética transcraneal durante la adquisición de nuevas habilidades motoras finas. *Journal of Neurophysiology, 74*(3), 1037–1045. doi: 10.1152/jn.1995.74.3.1037

Pease, A. (1997). *Cómo leer los pensamientos de los demás por sus gestos.* Londres: Sheldon.

Pulos, L. (14 de octubre de 2014). La Biología del Empoderamiento. Obtenido de https://www.audible.com/pd/The-Biology-of-Empowerment-Audiobook/B00O3I9V8M

Rossi, E. L. (1993). *La psicobiología de la curación mente-cuerpo: nuevos conceptos de hipnosis terapéutica.* Nueva York: Norton.

El poder de la PNL del Dr. David Snyder. Obtenido de https://www.youtube.com/user/SanDiegoKarate

El poder de la PNL https://www.nlppower.com/product/killer-influence/

Schwarz, B. E. (1960). La prueba de las serpientes, el fuego y la estricnina. *Psychiatric Quarterly, 34*(3), 405–429. doi: 10.1007/bf01562423

Syed, M. (2010). *Cómo se hacen los campeones*. Londres: Fourth Estate.

Talbot, M. (1991). *El universo holográfico*. Londres: Grafton Books.

Ensayo de evaluación artroscópica de la artrosis de rodilla mediante el procesamiento de imágenes. (1991). *Arthroscopy: The Journal of Arthroscopic & Related Surgery, 7*(4), 398–399. doi: 10.1016/0749-8063(91)90020-x

Tversky, A., y Kahneman, D. (1974). El Juicio Bajo Incertidumbre: Heurística y Sesgos. *Science, 185*(4157), 1124–1131. doi: 10.1126/science.185.4157.1124

Watson, J. B. (1913). La psicología como la ve el conductista. *Psychological Review, 20*(2), 158–177. doi: 10.1037/h0074428

Welch, C. (2015). *Cómo el arte de la medicina hace que la ciencia sea más eficaz: convertirse en la medicina que practicamos*. Londres: Singing Dragon.

Made in United States
Troutdale, OR
10/19/2023